日蓮を読み解く80章

監修 浜島典彦

ダイヤモンド社

序

「日蓮を読み解く80章」刊行に当たって

身延山大学　浜島　典彦

昨年、京都の市中は琳派四百年の記念行事で賑いました。申すまでもなく、その淵源は元和元年、西暦一六一五年に徳川家康から本阿弥光悦が鷹峯の地を拝領し法華芸術村を開いたことにあります。爾来、尾形光琳・尾形乾山・俵屋宗達・後藤家など日本を代表する絵師・芸術家を輩出し、西洋の芸術にも大きな影響を及ぼし現在も高く評価されているといいます。西洋の人たちが琳派の人たちに何を感受したのか。それは精神性であります。琳派の人々は篤い篤い法華信仰の絆で結ばれ、法華信仰の終着点である「寂光浄土」「娑婆即寂光」を見事に芸術として開花した人たちであるのです。

琳派の人々の精神的支柱となった法華経は、仏教が日本に伝播して間もなく伝えられ、数多くの日本人の心を捉え心の拠りどころとなった経典、『源氏物語』『枕草子』『栄華物語』等の古典文学の基底となり大いに持て囃された経典でもあります。

また、国家の鎮護を祈る経典のひとつ、聖徳太子が講じられた経典のひとつとして、あるいは日本仏教指導者の心の経典ともなりました。その法華経から新たなる力を見出されたのが日蓮聖人なのです。仏陀釈尊が真実を明かした経典法華経から、成仏への直道を鎌倉の世の人々に、後世の人々に力強く教示されたのでした。

日蓮聖人といいますと、往往にしてラジカルな宗教家、他宗批判の仏教指導者というイメージが付きまとうようであります。それは仏陀釈尊の言葉に「忠実に生きる」「正直に生きる」ことの裏返しでもあるともいえるのです。仏陀釈尊の金言を法華経から見出され、「素直に」「真面目に」「真剣に」この世、此土（娑婆世界）の「世直し」運動を試みられたのが日蓮聖人ともいえるのです。それ故に、その行動・思想は時を越えて様々な人々を魅了し、影響を与えてきました。前記の琳派の人々、京都・江戸の町衆、明治・大正・昭和期に活躍した文壇、政財界の人々等。その数は枚挙に遑《いとま》がないのであります。

本書では、これまで刊行された書物、日蓮聖人の教えと生涯、日蓮聖人以降の教団の歴史、寺院の紹介、あるいは法華篤信の人々等を扱った書籍の一部を抜粋して八十項目を掲載し、そのなかの重要語句と思われる箇所に空欄を設けて読者の皆さんに問いかけ、併せてそれに関連する事項の解説がしてあります。本書を読み切りますと、日蓮宗の教え、歴史等がほぼ理解できるという仕組みになっています。

本書発刊のきっかけをつくっていただいたのは、日蓮宗全国檀信徒協議会前会長、江守グループＨＤ社長江守幹男氏であります。予《かね》てより江守氏は「法華経・日蓮聖人の教えが分かりやすく、身近に感じられる書物はないものか」といい続けていらっしゃいました。私的にもレクチャーを依頼され、自坊と江守氏の定宿で二度、日蓮聖人、『立正安国論』に関わるお話をさせていただき、レクチャーよりも質問への解答時間の方が大幅に長くなってしまったことが印象に残っております。

此度、日蓮宗宗務院宗務総長室のお取次ぎ、関戸堯海師、ダイヤモンド社浅沼紀夫氏および大森香保子さんの編集協力・尽力により今回の刊行を円成することができました。厚く御礼申し上げます。殊には一昨年の平成二十六年八月五日、享年八十五歳で霊山浄土へと旅立たれました江守幹男氏のご霊前に奉告する次第であります。

平成二十八（２０１６）年四月

目次

4章 日蓮聖人門下連合会

5章 檀徒の芸術家たち

6章 近代日本に日蓮が与えた影響

7章

日蓮宗寺院のたたずまい

◆本書の読み方

本書は、日蓮を題材とする古今の研究者や哲学者、文学者たちの名著から、ほんの一部を切り取って転載しています。いわば名著のつまみ食いですが、それでも日蓮や法華経の教えの片鱗に触れることができるはずです。

各右ページにある本から転載した文章には空欄を設けてあるので、当てはまる言葉を推理してみてください。回答は左ページの下段にあります。熟知している事柄でも本に載っている言葉とはぴったり重ならないかもしれませんが、楽しく読んでいただくための仕掛けとお考えください。

名著から得た理解のかけらを集めてから、改めて一冊の本を手に取れば、驚くほどすんなり読めるのではないでしょうか。小説なら背景の知識が加わって一層おもしろく読めるかもしれません。

日蓮が生きたのは鎌倉時代。降誕八〇〇年はまもなく訪れる二〇二二年です。古今の人々がその魅力に引き寄せられ慕ってきた日蓮像の一端を紹介し、その教えと法華経に関する理解の手掛かりになれば幸いです。

1章 基本のき

問1

唱題《しょうだい》

日蓮宗では唱題、つまり「南無妙法蓮華経《なむみょうほうれんげきょう》」というお題目を唱えることを大切にしています。唱題にはいったいどのような意味があるのでしょうか。次の文章は、小説『等伯』の最終章で、主人公の等伯が画想を練る苦しみの中、親しい寺を訪れたときの場面です。空欄に入ることばを推理してみてください。答えは左ページ下です。

等伯は子供のような気持ちになり、ひたすらお［イ］をとなえた。これほど切実に御仏の手にすがりたいと思ったのは初めてだった。

本尊曼荼羅の前でお［イ］をとなえるのは如実知見《にょじつちけん》、ありのままの自分と世界を発見するためである。欲や執着によって曇った知見を、［ロ］に帰依することによって磨き上げると、真の自己、真の世界の在り方に気付く。

その実相とは、人はどんな立場や境涯《きょうがい》にあっても本覚の［ハ］と同じだということである。

この悟りに至れば、「無明の雲晴れて法性の月明《あきら》かに妄想の夢醒《さめ》て本覚の月輪いさぎよく、父母所生《しょせい》の肉身、煩悩具縛《ぐばく》の身、即《そく》本有常住の［ハ］となるべし」と日蓮上人は説いておられる。

（安部龍太郎著『等伯　下』日本経済新聞出版社より）

松林図屏風
東京国立博物館蔵
６曲１双紙本墨画　国宝
長谷川等伯筆
安土桃山時代

Image:TNM Image Archivers

東京国立博物館が所蔵する「松林図屏風」は、等伯畢生の傑作といわれます。靄に包まれて見え隠れする松林が描かれていますが、風が吹いているような気配も感じられますし、禅やわびの境地を感じる静けさが表現されているともいわれています。

解説

【唱題】　法華経《ほけきょう》は略称で、正式な経典名は妙法蓮華経です。これに「帰依する」という意味の「南無」をつけて、「南無妙法蓮華経」という七文字のお題目を口に出して唱えることを唱題といいます。

法華経には、釈尊《しゃくそん》（お釈迦さま）が説いた智慧と慈悲の功徳のすべてが備わっています。その中でもっとも大切な教えは、この世の生きとし生けるものすべてに仏の心が備わっているということです。

唱題には、南無妙法蓮華経と口に出すことで釈尊の智慧と慈悲の功徳にあずかり、この世のすべての仏さまへの感謝を表し、さらには、自分の内にある仏の心を呼び覚ましていくという意味があります。唱題は、平安時代の法華経信仰のなかで普及しはじめたようですが、日蓮によって修行の方法の一つとして確立されました。

【如実知見《にょじつちけん》】　如実知見とは、事実をあるがままに見て、ものごとの真実を正しく見極めることです。しかし、人間にとって如実知見がむずかしいのは、自分勝手な欲や執着、世間の尺度を元にものごとを見てしまいがちだからです。お題目を唱えることで欲や執着を取り払い、澄み切った目と心でものごとを見ることができたとき、私たちは自分の内なる仏性、この世の真理に気づくことができます。

【本覚《ほんがく》の如来】　本覚というのはすべての人が本来持っている悟りの智慧のことです。つまり人はだれでも悟りに至っており、本来的に仏になれるという思想のことです。

イ：題目　ロ：妙法蓮華経　ハ：如来

問 2

法華経《ほけきょう》

日蓮は、法華経こそが人々を救う最高の法と位置づけ、これを大切にしました。それは法華経が他の経典とは異なり、大きな二つの真理を備えていると考えていたからです。主著のひとつ『開目抄』の現代語訳から、日蓮のその考えを端的に示している個所を紹介します。

国土を安穏にし、人々を救う力があるのは、真実の仏法である法華経《ほけきょう》だけです。

今、私日蓮が、法華経と法華経以前に説かれた諸経との違いを考えてみますと、二十項も数えられますが、これを集約しますと二つになります。すなわち法華経前半の主題である「　イ　」と、後半の主題である「　ロ　」という教義であります。これは私がそうであると信じているだけでなく、世間一般に認められている通説であります。

　イ　とは、釈尊の説法を直接聞いて悟る声聞《しょうもん》と、師につかずに独りで悟る縁覚《えんがく》との、二種の人々が未来に仏に成るという予言であり、法華経がすべての人々を救済する力を具《そな》えていることを示す大切な教えです。

（小松邦彰編『ビギナーズ日本の思想　日蓮「立正安国論」「開目抄」』角川ソフィア文庫より）

小松邦彰編『ビギナーズ日本の思想　日蓮「立正安国論」「開目抄」』角川ソフィア文庫

13世紀に続いた大地震・疫病・飢饉などの災厄の原因を追究し、外敵の襲来を予言した『立正安国論』。自らの運命を自覚して、末世の導師になると宣言した『開目抄』。日蓮の二大名著を、わかりやすい現代語訳で紹介したもの。何度も法難にあい、生命の危険を感じながらも、法華経の行者としての自覚を深め、法華経の教えを広める使命感を強くしていく日蓮の姿が、描かれています。

解説

【法華経】 私たちが俗に「お経」と呼んでいるのは、釈尊の教えをまとめたもので、その数について日蓮は「八万四千の法蔵」と記しています。数多くあるお経の中で、日蓮が「困難な時代を生きる人々を救う、もっとも尊い教えである」と位置付けたのが、法華経です。法華経は、釈尊晩年の教えをまとめたものと考えられていることから、釈尊の教えのエッセンスといっても過言ではないでしょう。

法華経の教えは、それを説いた釈尊への信仰という要素も持ち、「釈尊は不生不滅であり、ずっと人々のために法を説き続けてきた。これからも永遠に真理の法を説き続け、人々を励まして行く」という久遠実成《くおんじつじょう》の教えに結ばれていきます。

法華経の本文の中には、「この経こそ諸経の王」とあり、また、法華経を大切にして唱えるものには、大いなる功徳が約束されると記されています。

【日蓮と法華経】 仏教の開祖たちはそれぞれ拠りどころとする経典があります。法然は浄土三部経であり、日蓮は法華経です。

サンスクリット語で書かれた経典を鳩摩羅什《くまらじゅう》が漢訳した「妙法蓮華経」が日本では普及しました。日蓮は比叡山や高野山にも足を運んで勉強しており、京で学んだ天台の法華経が日蓮の原点です。

現在はサンスクリット語から訳出した本や、「梵漢和対照・現代語訳」も出版されています。

イ：二乗作仏《にじょうさぶつ》　ロ：久遠実成《くおんじつじょう》

問 3

釈尊《しゃくそん》（お釈迦《しゃか》さま）

日蓮が天台僧蓮長として学んだ当時の比叡山は、人は誰でも悟りに至る智慧を本来持っているとする本覚思想の観心《かんじん》主義が体系化されつつある時期でした。古い天台の本覚思想は、慧心《えしん》流（観心門）と檀那《だんな》流（教相門）の口伝によって伝承された二つの流派がありました。

このような観心主義的な学風の中で修学しながら、なぜか蓮長は教相主義的な傾向へと進んでいった。その理由はいくつか考えられる。その第一は、雑乱した今日の［　イ　］のあり方は天台大師《てんだいだいし》智顗《ちぎ》・伝教大師最澄の法華一乗の仏教精神に反しているのではないかという疑問である。雑乱［　イ　］への批判は蓮長を本覚思想否定の方向へ走らせたのではないだろうか。

第二は［　ロ　］救済の願いである。蓮長の求道の目的は釈尊の真実の教えを知ることであった。それは単なる知識の取得ではなく、一切［　ロ　］を導き、そして救済する無上の教えに生きることを意味していた。それが蓮長にとって出家者としての当然の姿であったのである。その自覚と使命感に燃えていた蓮長が、非現実的な論理をもてあそぶ観心主義の学問の中にいつまでも沈潜しているはずがなかったと言えよう。

（日蓮宗新聞社編『日蓮聖人―その生涯と教え―』庵谷行亨《おおたにぎょうこう》執筆「修学の旅」日蓮宗新聞社さだるま新書より）

一尊四菩薩木像

正中山法華経寺（千葉県市川市）に創建当時より格護が伝わるこの像は、釈尊の四方に上行菩薩、無辺行菩薩、浄行菩薩、安立行菩薩が配されています。四菩薩は、釈尊から法華経の教えを広める使命を与えられています。

解説

【日蓮における釈尊】　蓮長こと日蓮の京畿《けいき》遊学は仁治三年（一二四二）から建長四年（一二五二）頃の一〇年にわたったとされています。その詳細は多年の日蓮研究においてもあまり明らかにされていませんが、鎌倉に比べれば当時の京都の仏教界ははるかに充実していたはずです。比叡山に入ってから天台、真言、律など日蓮はあらゆる門を叩いて学び、隠しようもないその才幹で論を張ります。また神道や儒学にも教えを乞い、和歌の師にもついたようです。そのように広く深く学問する中で日蓮は、法華一乗、釈尊一仏へと思想を収斂していきました。すなわち、日蓮生誕の一〇年前にこの世を去った法然の阿弥陀一仏信仰と対立し、真言との接近を許す天台にも真実を見いだせず、やがて、釈尊が菩提樹の下で悟りを開いたように、清澄山の頂で立教開宗を果たすことになります。

【釈尊の悟り】　誕生は紀元前六〇〇年頃とも五〇〇年頃ともされる釈尊はインドの王族に生まれました。人はなぜ、生老病死という運命を背負っているのか、と長いあいだ悩み、ついに二九歳のときに妻と子を置いて宮殿を去り、出家して遊行（僧が諸国をめぐり歩く旅）に出ます。悟りを得たのは三五歳、菩提樹の木の下だったといわれています（出家・成道の年齢には諸説あります）。釈尊は人間の生きる道を明らかにし、その実践として悪い行為をせず、生活を清めることを説きます。

イ：天台宗　ロ：衆生

問 4

南無妙法蓮華経《なむみょうほうれんげきょう》

日蓮宗では「南無妙法蓮華経」というお題目を唱えることを大切にしています。次に引用したのは、日蓮が女性信徒に宛てた手紙の一部です。「ただ南無妙法蓮華経とお題目をいかに唱えようとも、法華経の教義趣旨を悟らずして安心の境地に至るだろうか」と問う人に日蓮は「可能である」と答えます。

問うていう、『 イ 』の真意も知らず、また教義教理も味わわずに、ただ ロ とだけ一日に一回、あるいは一月・十年・一生にただ一回唱えただけで、過去に犯した軽重の悪業の報いで、死後、地獄・餓鬼・畜生・修羅の ハ に堕ちず、終には不退転の安心の境地に到達することができるであろうか。答えていう、可能である。(中略)

獅子の筋を絃にした琴を弾《ひ》くと、余の絃は忽ち皆切れてしまうという(『華厳経』第七八)。また梅干という言葉を聞いただけで、口に唾がたまるであろう。卑近な日常の事にさえこうした不思議があるのであるから、まして『 イ 』の名には不思議な力があるのだよ。

(田村芳朗編集 浅井円道・勝呂信静・田村芳朗訳・注 浅井円道執筆『日本の仏教思想 日蓮』筑摩書房より)

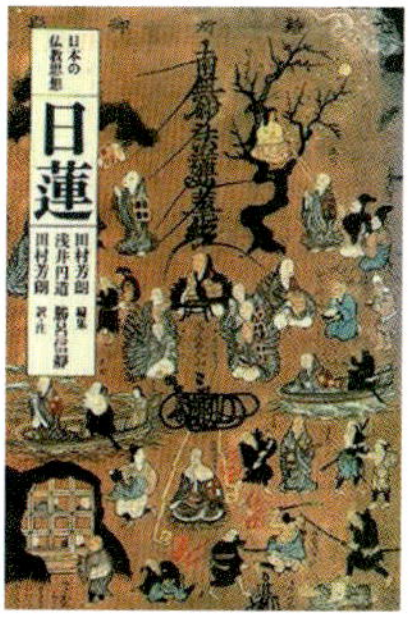

田村芳朗編集、浅井円道・勝呂信静・田村芳朗訳・注
『日本の仏教思想　日蓮』筑摩書房

『守護国家論』『開目抄』『観心本尊抄』と数通の書簡をまとめた1冊。日蓮の遺文として完全な形で残っているものは、約500編あるといわれます。そのうち約300編は一般信徒に宛てて書かれた書簡で、女性宛てのものも多く見られます。これら書簡の特徴のひとつは、平易な表現であること。そして、身近な例を引きながら、仏法を説いていることです。

解説

【南無妙法蓮華経】 日蓮は著作『観心本尊抄《かんじんほんぞんしょう》』のなかで、次のように述べています。「釈尊の修行の功徳と、その果報として仏になって得た徳の二つの真理は、『妙法蓮華経』の五字に備わっている。われらがこの五字を受持すれば、自然にその因果の功徳を譲り与えてくださるのである」。つまり「南無妙法蓮華経」と一心に唱えれば、私たちも釈尊がそこに込めた功徳のすべてをいただき、救われて、仏となることができるというわけです。

日蓮が生きた時代は天災が続き、社会不安が広がっていました。日蓮の願いは、そのなかで懸命に生きている凡夫《ぼんぷ》を救うことでした。だからこそ最高の経典である法華経に頼るべきであると考え、たとえ教養や知識がなくても、仏教を理解する能力が劣っていても、信じる心さえあればだれでも唱えることができる「南無妙法蓮華経」のお題目の重要性を熱心に説いたのです。

【四悪趣《しあくしゅ》】 仏教では、すべての衆生は迷いのある六つの世界で生き死にを繰り返すと考えます。いわゆる輪廻《りんね》です。迷いの世界は六つあり、そのうちの地獄道、餓鬼道、畜生道、修羅道が四悪趣です。これらに人間道、天道を加えた六つの世界を、「六道」と呼びます。右で紹介した日蓮の書簡のなかに、「不退転の安心の境地」とあるのは、寂光浄土のことです。六道が迷いの世界なのに対して、寂光浄土は迷いの一切ない悟りの世界です。

イ：法華経　ロ：南無妙法蓮華経　ハ：四悪趣

問 5

二乗作仏《にじょうさぶつ》

すべての人々が成仏できるという「二乗作仏」の教えは、法華経の根本思想の一つです。日蓮も折に触れて「二乗作仏」の大切さを教えています。左の引用文は、建長七年（一二五五）、日蓮が鎌倉で認《したた》めた『主師親御書《しゅししんごしょ》』において、「如従飢国《にょじゅうけこく》来忽遇大王膳《らいこつぐだいおうぜん》」についての日蓮の解釈を解説している文章です。

日蓮聖人は「飢えたる国」と「大王の膳」とを比較され、
- 飢えたる国…法華経以前の爾前諸経《にぜんしょきょう》における二乗の扱い（二乗の永不成仏）
- 大王の膳…法華経において二乗に［イ］の保証が与えられる（二乗作仏《さぶつ》）

と、「飢えたる国」と「大王の膳」に譬えて二乗作仏が説かれる［ロ］の最勝《さいしょう》性を訴えられているのであります。

（浜島典彦著『法華経・全28章講義――その教えのすべてと信仰の心得』大法輪閣より）

浜島典彦著『法華経・全 28 章講義ーその教えのすべてと信仰の心得』大法輪閣

著者は三重県出身で、日蓮宗立熊谷学寮寮監、日蓮宗宗務院伝道部等を経て 2010 年より身延山大学長。著書は他に『お題目と歩く―近世、近現代法華信仰者群像』(日蓮宗新聞社)、『日蓮宗―保存版わが家の仏教』(共著、四季社)等。

解説

【如従飢国来忽遇大王膳】 日蓮は『主師親御書』には左のように書かれていると示した上で、それを解説したのが右ページの文章です。「三の巻に云く、如従飢国来忽遇大王膳と。文《もん》の心は飢えたる国より来《きたり》て忽《たちま》ちに大王の膳《ぜん》にあへり…。二乗は仏になるべからずと仰《おお》せられしかば、須菩提は茫然《もうねん》として手の鉢をなげ、迦葉は涕泣《ていきゅう》の声大千世界を響かすと申して歎《なげ》き悲しみしが、今法華経に至って迦葉尊《そん》者《じゃ》は光明如来の記別を授かりしかば、目連・須菩提・摩訶迦旃延等は是《これ》を見て、我等も定《さだめ》て仏になるべし。飢えたる国より来て忽に大王の膳にあへるが如しと喜びし文也《なり》」

【二乗作仏】 二乗は、声聞と縁覚を指します。「乗」は悟りへの乗り物の意味があり、その位置にいる人を指します。菩薩乗は仏に最も近い位置にいる修行者です。自分だけの悟りを求める声門乗=釈尊の説法を聞いて悟った人々や、縁覚乗=師につかず独りで悟った人々は、法華経以前の諸経(爾前経《にぜんきょう》)では成仏できないとされてきました。その二乗でさえ成仏できると説いているのが法華経で、前半部の迹門《しゃくもん》に書かれています。

法華経によれば身分の高い人でも低い人でも、男でも女でも誰でも成仏できるのです。「女人の成仏は叶わない」とはっきり書かれているインド思想の文献も散見されるなかで、極めて画期的なことです。仏教が平等の宗教であるといわれるゆえんでもあります。

イ:成仏　ロ:法華経

問 6

一念三千《いちねんさんぜん》

日蓮は、天台智顗《ちぎ》の著作『摩訶止観』に示された「一念三千」に、縁覚乗でも声聞乗でも、むろん菩薩乗でもない凡夫の衆生を救う思想を見ました。その思想が明確に示されたのは佐渡配流中の二大部の二冊目、『観心本尊抄』です。

『観心本尊抄』では、「釈尊が修行の因によって得た功徳と、仏の果を悟り得た功徳は、すべて妙法蓮華経《みょうほうれんげきょう》の［イ］に具足している」と述べ、凡夫が妙法蓮華経の［イ］を受持《じゅじ》すれば、おのずから釈尊の功徳のすべてを譲り与えられるとみる。そして、一念三千の法門を理解できない者には、教主釈尊が大いなる慈悲の手を差し伸べて、妙法蓮華経という［イ］のなかに、一念三千の［ロ］をつつみ、凡愚《ぼんぐ》の衆生の首にかけてくださっていると明言する。南無妙法蓮華経の［ハ］によって衆生は救われると説くのである。

（渡辺宝陽・中尾堯監修『別冊太陽　日蓮　久遠のいのち』関戸堯海執筆「著書から知る法華信仰」平凡社より）

『別冊太陽　日蓮　久遠のいのち』

日本のこころ 206 号（2013 年 4 月 25 日初版発行）
平凡社の別冊太陽日本のこころシリーズは、1972 年からスタートして、現在も刊行されている雑誌。1 号は「百人一首」でした。

解説

【一念三千】 仏教では、すべての人は仏の心と地獄の心を持っており、仏の心になっているときは人間関係など自分を取り囲む環境も仏界になっている。反対に地獄の心になっていれば自分もまわりもまた地獄界になる、と説いています。このことを「一念三千」という言葉で表現したのは、天台宗の開祖智顗《ちぎ》です。

智顗は、私たちが瞬間的に発する一念（ふとした思い）の中に三千で表わされる広大無辺な宇宙のすべての法が具わっているとし、だからこそどんな人でも仏になる可能性があると説きました。

この智顗の一念三千の教えを積極的に受け継いだのが日蓮で、自らの教学を支える重要な柱の一つに一念三千を据えました。そうすることが、末法の世に生きる人々に自身の仏性を気づかせる一番の方法であると考え、『観心本尊抄』で末世における一念三千の実践を論じています。

【天台智顗】 中国・隋代に「天台の哲学」を確立したのが智顗（五三八～五九七）です。智顗の講話を著作としてまとめた天台三大部『法《ほっ》華玄義《けげんぎ》』『法華文句《ほっけもんぐ》』『摩訶止観《まかしかん》』を、唐代になって湛然《たんねん》が注釈書を付し、普及しました。

日本天台宗開祖の最澄は、八〇四年に唐に留学した折、湛然の弟子に天台教学を直接学んでいます。しかし最澄の思想には、天台哲学以外に密教の影響も濃く現れ、念仏や禅も含む幅がありました。

イ：五字　ロ：宝珠《ほうじゅ》　ハ：題目

問 7

久遠実成《くおんじつじょう》

法華経には二つの大きな特色があります。一つは問5で取りあげた二乗作仏、もう一つが久遠実成です。久遠実成は、釈尊が永遠不滅の存在であり、私たちが唱える法華経の教義の根幹に位置するという重要な考え方です。法華経のなかから、釈尊が諸菩薩や人々に向けて自らの永遠性を説いている部分を紹介します。

「あなたたちあきらかに聴きなさい。如来の秘密である神通の力を。全ての世間の天や人々および阿修羅は、皆、今の釈迦牟尼仏が、シャカ族の宮殿を出て、伽耶《ガヤ》の城都から離れて遠くない場所で、道場に座して阿耨多羅三藐三菩提という［イ］にして［ロ］な［ハ］を得たと思っている。しかるに善男子よ。実は私が仏となってからこれまで、無量無辺百千万億那由佗劫という量り知れないほどの非常に長い時間が経っているのである。たとえば五百千万億那由佗阿僧祇という量り知れないほどの広さの三千大千世界を、ある者がすり砕いて粉末状のこまかい塵として、東方の五百千万億那由佗阿僧祇という量り知れないほどの数の国を過ぎながら、その細かい塵を一粒ずつ置いていく。そして東に行きながら、このこまかい塵を全て置き尽くしたほどの長い時間ということなのである。（後略）」

（則武海源著『法華経入門』角川選書より）

則武海源著『法華経入門』角川選書

法華経は、中国や朝鮮半島でも広く読まれた経典で日本でも清少納言や紫式部が、「もっともすばらしい経典」と讃えています。法華経が古来、親しまれてきたのは、身近な話から真理へと導く比喩が多く、その中に「人は何のために生きるのか」「なぜ苦しみ悩むのか」など、究極の問題に対する答えを探すことができる点が理由の一つといえるでしょう。この本は、法華経の核心部分をわかりやすい現代語訳で紹介した1冊です。

解説

【久遠実成】　釈尊の見方には二通りがあります。一つは、インドのシャカ族の王子として生まれ、二九歳で出家し、修行の末についに悟りを開いて八〇歳で入滅した人間としての釈尊です。もう一つは、人間・釈尊は仮の姿であって、じつは遥か以前に仏となり、以来この世で教えを説き続け、これからも未来永劫にわたって衆生を導き続けていくという、不生不滅の存在としての釈尊です。このように釈尊は久遠の昔に悟りを開いていたという考え方を、「久遠実成」といいます。

一般には如来や菩薩、明王などへの信仰もありますが、仏教で永遠性をもつ仏は釈尊以外にいません。また、法華経以外の経典で明確に久遠実成を説いているものはありません。だからこそ、釈尊は信仰の中心であり、法華経こそが最高の真理であり、釈尊の徳のすべてを凝縮した法華経の題目を唱えることが、救いの道につながるのです。

【本門】　法華経は二八品《ぼん》（章）から成り、一品から一四品を「迹門《しゃくもん》」、一五品から二八品までを「本門《ほんもん》」と呼びます。

迹門では、釈尊はインドの仏陀伽耶《ぶっだがや》ではじめて悟りを得ましたが、右にも引用した一六品の如来寿量品《にょらいじゅうりょうほん》において久遠実成が明らかにされることから、本門こそ、久遠の昔に仏となった釈尊が説いた真の教えという解釈も生まれました。

イ：最高　ロ：完全　ハ：悟り

問 8

菩薩《ぼさつ》

日蓮は自らを、「末法の世に釈尊の教えを広める菩薩である」と考えていました。菩薩といえば、観音菩薩、地蔵菩薩など身近な信仰対象になることが多い方々です。ここに紹介するのは、菩薩の特徴について解説した文章です。

大乗仏教の修行者たちは、一般の在家の信者たちと一緒に暮らしていました。そのために、彼らは自分一人の悟りを求めるだけではなく、自分の悟りを世間の人びと（衆生《しゅじょう》）にも及ぼし、人びとともに救われる［ イ ］（他者の救済をめざす活動）を理想としたのです。こうした［ イ ］を行なう修行者のことを「菩薩《ぼさつ》」といいます。在家の信者にも菩薩たるように勧めたのです。

この菩薩という言葉は、悟りを開く以前の仏陀の呼び名ボディサットヴァ（bodhisattva）から来ています。（中略）

こうした菩薩が実践すべき行としては、［ ロ ］・持戒《じかい》・忍辱《にんにく》・精進《しょうじん》・禅定《ぜんじょう》・智慧《ちえ》の六つがあります。一般に「［ ハ ］」あるいは「六度《ろくど》」とよばれるものです。

（松尾剛次著『仏教入門』岩波書店より）

松尾剛次著『仏教入門』岩波書店

仏教の基本的な教え、発祥から発展の歴史など、「仏教とは何か」をわかりやすく紹介した入門書です。仏教はインド発祥の宗教ですが、中国や朝鮮半島を経て日本に伝わり、発展するうちに、その思想に微妙な変化が生まれました。本書は、日本における仏教の受容、鎌倉新仏教の誕生と近代以降の展開など、いわゆる「日本仏教」に力点をおいて、日本人の生活や価値観に仏教思想がいかに影響を与えているかを紹介しています。

解説

【常不軽菩薩品《じょうふぎょうぼさっぽん》】 法華経常不軽菩薩品第二〇に登場する常不軽菩薩は、会う人ごとに「あなたは菩薩の行となるよい行いをして、必ず仏になる尊い人です」といって合掌礼拝《がっしょうらいはい》します。その行為を軽蔑して石を投げ、杖で打つ人も多く、常不軽菩薩は迫害されます。

日蓮はこの物語に自己を投影します。度重なる法難にも「天の加護」がない自分こそ、法華経を実践する「法華経の行者」であると自覚するのです。

従地涌出品第一五で大地から涌き出したのが地涌《じゆ》の菩薩です。彼らはみな久遠釈尊の弟子だったのです。

菩薩のなかでもリーダー的な存在が、上行《じょうぎょう》、無辺行《むへんぎょう》、浄行《じょうぎょう》、安立《あんりゅう》行《ぎょう》の四菩薩（四士）とされます。日蓮は自ら上行菩薩たらんとしていることを遺文のなかに記しています。

【六波羅蜜】 波羅蜜は梵語の波羅蜜多（パラミッタ）に漢字を当てて生まれた言葉で、此岸《しがん》から彼岸へ、すなわち悟りの岸に渡るという意味です。かつては度彼岸、到彼岸という訳語も使われていたので、「六度」の呼び名があります。布施（他に施す）・持戒（人間としての本分を守る）・忍辱（耐え忍ぶ）・精進（努力する）・禅定（心を静める）・智慧（真理を見きわめる）が、菩薩の修行の実践徳目である六波羅蜜です。現代でも、常不軽菩薩の教えは「但行礼拝《たんぎょうらいはい》」に、六波羅蜜は「勤行《ごんぎょう》」などの実践行に継承されています。

イ：利他行《りたぎょう》　ロ：布施《ふせ》　ハ：六波羅蜜《ろくはらみつ》

問 9

依法不依人《えほうふえにん》

「依法不依人」とは、「人を拠り所にするのではなく、仏法を唯一の拠り所とすべきである」という意味で、日蓮が長い修学の末に得たひとつの結論です。日蓮の主著『開目抄』の現代語訳のなかから、それについて記された部分を紹介しましょう。

私たちすべての人々の慈父である教主釈尊が遺言として説かれた『　イ　』には、「仏法を信受し伝持するには、仏陀の説かれた教法を依《よ》りどころとし、滅後の人師の言葉に従ってはならない」と誡《いまし》められています。「人師を依りどころとするな」というのは、釈尊の命令に従って教えを弘《ひろ》める人々は、たとえ普賢菩薩や文殊師利菩薩のような人々であっても、その説く教えが　ロ　に基づくものでなければ、決して信用してはならない、ということです。

（小松邦彰編『ビギナーズ日本の思想　日蓮「立正安国論」「開目抄」』角川ソフィア文庫より）

富士を望む身延山

身延山は深い山稜と谷に囲まれた風光明媚なところです。日蓮はその荘厳な自然と向かい合って、ますます思想を深めていきます。弟子や檀越への手紙類も含めて執筆活動はますます盛んで、身延において遺文を多数残しました。

解説

【依法不依人】「依法不依人」は『涅槃経《ねはんぎょう》』という経典のなかで説かれている教えで、「法に依って人に依らざれ」、つまり人間の師を拠り所にするのではなく、仏法という絶対的な真理だけを唯一の拠り所にして、仏道を歩んでいくべきであるという意味です。

人間の判断基準、思慮分別というのは、個人的な感情や打算で左右されたり、時代や社会情勢、世間的な評価や価値観に影響を受けたりします。日蓮が教えを説いていた鎌倉時代には、さまざまな仏教宗派が興りましたが、日蓮は、その開祖たちが釈尊の言葉を都合よく解釈して仏法を駄目にしてしまうのではないかと、危機感を抱いていました。そこで『開目抄』などにおいて、「依法不依人」の重要性に言及したのです。

【涅槃経】釈尊は入滅する直前に、遺言のような形で弟子たちに教えを説きました。釈尊の全生涯の思想を締めくくるのが『涅槃経』です。『大般《だいはつ》涅槃経』とも呼ばれます。

『涅槃経』のなかで、法四依《ほうしえ》の四つの大切な教えの一つとして説かれたのが依法不依人です。末世に正しく依るべき法義・法四依としては他に、言葉に頼らず意味に頼る（依義不依語）、知識に頼らず智慧に頼る（依智不依識）、まちがった教えに頼らず仏法が完全に説かれた正しい経典に頼る（依了義経不依不了義経）の三つがあり、これらを大切にするようにと、説かれています。

イ：涅槃経　ロ：経文

問 10

大曼荼羅《だいまんだら》

日蓮は存命中に多くの大曼荼羅を書き、弟子や信徒に与えました。釈迦如来像や阿弥陀如来像など仏像を本尊とする宗派や寺院が多い中にあって、日蓮宗はこれを本尊として奉安（安置）します。日蓮が自ら筆をとって書いた大曼荼羅には、どのような思いが込められているのでしょうか。

日蓮の所説では、文字でマンダラを表現したのは［　イ　］の声（意）が文字（法華経）になったとみるからであり、マンダラはその文字から誘発されたものだからである。したがってマンダラは、［　イ　］の声（意）を顕わしたものであると同時に、その文字も『［　ロ　］』の文字に他ならないから、それは『［　ロ　］』そのものという意味を示していることになる。逆にいえば、日蓮はそのことを伝えるために文字表現を採ったということである。つまり宝塔での釈迦仏の説法（言葉）は、まず『［　ロ　］』の文字として自らを顕わし、次いで日蓮のマンダラの文字として再現したといえる。

（佐々木馨編『日本の名僧12　法華の行者　日蓮』渡辺喜勝執筆「文字マンダラ」＝光と言葉のシンボリズム　吉川弘文館より）

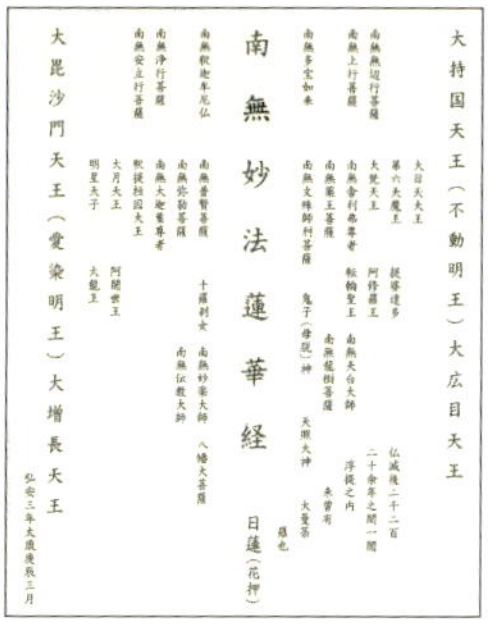

鎌倉・比企谷（ひきがやつ）妙本寺蔵
「弘安三年三月の大曼荼羅＝臨滅度時御本尊」

弘安３年（1280）、日朗に授与した大曼荼羅で、158.5 × 101.8cmの大型。臨終に枕辺に掲げたことから、この名がついています。

解説

【曼荼羅】 曼荼羅といっても、大日如来を中心に諸仏を配置している色彩豊かな密教の曼荼羅に限りません。日蓮宗では、久遠釈尊の法華経説法の世界を描いた日蓮の墨書による大曼荼羅を、本尊として奉安します。本尊をお守りとして持ち歩いた場合もあります。

書簡『経王殿御返事』では、日蓮は曼荼羅を「魂を墨に染め流して書き候ぞ、仏の御意は法華経なり」と書き送っています。大曼荼羅は日蓮が全身全霊をこめて書いた尊崇すべきものなのです。

【真筆】 日蓮が筆をとった真筆は数多く残っています。最初に書かれたのは、佐渡に渡る直前に相模国《さがみのくに》依智《えち》で、中央に題目を、両脇に梵字で「不動明王」「愛染明王」と書いた一幅とされています。

佐渡での布教がはじまると、「南無妙法蓮華経」を中央に、左右に「南無釈迦牟尼仏」「南無多宝如来」と紙に書いて信者に与え、信者たちはそれを大切に奉安しました。

『観心本尊抄』において、現実のこの世にこそ釈尊の住む寂光浄土が出現することを示したことによりその位置づけが明確になります。

身延山に入ってからは、精力的に曼荼羅を揮毫します。サイズも内容もさまざまで、幅一メートル、長さ二メートルに及ぶものも残されています。日蓮は接ぎ合わせた巻紙状の料紙に少しずつ染筆して完成させたといいます。

イ：仏　ロ：法華経

信心成仏

妙一尼御前御消息にいわく……

法華経を信ずる人は冬のごとし。冬は必ず春となる。いまだ昔よりきかず、みず、冬の秋とかえれる事を。いまだきかず、法華経を信ずる人の凡夫となる事を。経文には「若し法を聞くこと有らん者は、一として成仏せずということ無けん」と、とかれて候。

「冬は必ず春になる」で有名なこの手紙は、建治元年（1275）5月、日蓮54歳のとき鎌倉に住む妙一尼に宛てて書かれたものです。

龍口、佐渡配流と相次ぐ法難に見舞われる日蓮の下、身に迫る危険をかえりみることなく、わが師を守るために戦う妙一尼は、そのために所領を没収されたばかりか最愛の夫をなくし、病の子どもを抱えるという身の上にありました。

そういう厳しい境遇にありながらも、聖人を守り、信心一筋に生きようとしている妙一尼に、日蓮は「冬が春となるように、法華経の信心を貫いた人は必ず成仏できる」と励まし、「もし法を聞くことがあれば、一人として成仏しない人はいない」という、法華経方便品第二の文を説きます。

妙一尼の境遇に関しては諸説あり、亡くなったのは夫ではなくて息子だろうという説が近年、有力になりつつあります。つまり、息子亡きあとに残された息子の妻と病弱な子どもたちを前にして、悲しみと絶望の淵に沈みそうなところを、信心一筋に生きようとする年老いた妙一尼のけなげさに、心を打たれた日蓮が書き上げた励ましの書状が、この妙一尼御前御消息であるとされています。

2章

日蓮の生涯―誕生から身延まで

問 11

一二三二年《ねん》という時代《じだい》

日蓮は、正しい仏法を広め、衆生を救い、乱れた国家を再生することに生涯をかけて取り組んだ僧です。そうした使命感をもつに至ったのは、当時の社会状況と深い関係があります。左の文章は、宗教文学隆盛の先駆けを作った作家・倉田百三が、日蓮の立教開宗の動機と生涯について書いた著作の一部です。

日蓮の立ち上った動機を考えるものが忘れてならないのは［　イ　］である。この日本の国体の順逆を犯した不祥の事変は日蓮の生まれるすぐ前の年のできごとであった。陪臣の身をもって、［　ロ　］は朝廷を攻め、［　ハ　］、土御門、順徳三上皇を僻陲《へきすい》の島々に遠流し奉ったのであった。そして誠忠奉公の公卿たちは鎌倉で審議するという名目の下に東海道の途次で殺されてしまった。かくて政権は確実に北条氏の掌中に帰し、天下一人のこれに抗議する者なく、四民もまたこれにならされて疑う者なき有様であった。後世の史家頼山陽のごときは、「北条氏の事我れ之を云ふに忍びず」と筆を投じて憤りを示したほどであったが、当時は順逆乱れ、国民の自覚奮わず、世はおしなべて権勢と物益とに阿付し、追随しつつあった。

（倉田百三著「学生と先哲――予言僧日蓮」角川書店『青春をいかに生きるか』所収より）

倉田百三著「学生と先哲──予言僧日蓮」角川書店『青春をいかに生きるか』所収

倉田百三（1891 ～ 1943）は、求道者のごとく宗教に題材をとった戯曲や小説を多く執筆した作家です。代表作の『出家とその弟子』は、浄土真宗の開祖・親鸞を主人公にした戯曲で、海外でも翻訳されてフランスの作家ロマン・ロランの称賛を得ました。右に引用した『学生と先哲──予言僧日蓮』は、1937 年発表の随筆。既に版権も著作権も切れているので、インターネット上に無料で読める青空文庫にも公開されています。左の写真は電子書籍 kindle 版の表紙です。

解説

【承久《じょうきゅう》の変】 建久三年（一一九二）に源頼朝が鎌倉幕府を開いて、武家政権が誕生しましたが、権力争いなどにより源氏の血筋が断絶。後鳥羽上皇は朝廷に政権を取り戻す好機と見て、承久三年（一二二一）、幕府の執権・北条義時を討つために挙兵しました。

しかし朝廷側は、頼朝の妻・北条政子の下で結束を強めた幕府軍に歯が立たず、約一か月で敗北し、後鳥羽、土御門、順徳の三上皇は流罪。関係した公家も処罰されました。また、朝廷側の領土三〇〇〇か所は没収され、功績のあった幕府側の御家人に与えられました。これが承久の変です。承久の変を機に、幕府は皇位継承さえも管理するようになり、幕府の力が朝廷を完全に上回ったのです。

日蓮が生を受けたのは、承久の変の翌年のことです。幼い日蓮は承久の変の顛末を聞いて、これを前代未聞の下剋上ととらえました。そして、「この世でもっともえらいはずの主上《しゅじょう》が、臣下の北条に罰せられるとはどういうことか。仏法も天子様を救えないのか」と大きな疑問を持ったのでした。

【天変地異】 日蓮が幼少のころは天変地異も頻発しました。とくに日蓮が八歳のころに全国を襲った「寛喜の飢饉」は深刻で、この年の夏はヒョウや雪、霜が降るなど、冬のような寒さで穀類が全滅。翌夏は一転、炎暑と干ばつで再び不作に見舞われ、餓死者の死骸がそこらじゅうに放置されたともいわれています。

イ：承久の変　ロ：北条義時　ハ：後鳥羽

問12

安房小湊《あわこみなと》に誕生《たんじょう》

日蓮が生まれたのは安房の国、小湊という村です。両親は共にれっきとした家柄の出でしたが、わけあって小湊に移り住むことになり、漁民として生きていくようになりました。しかし日蓮は生涯、庶民の家に生まれたことを誇りに思っていました。

日蓮の幼名は善日麿《ぜんにちまろ》といった。

善日麿の父は貫名重忠《ぬきなしげただ》といい、母は梅菊といった。父重忠は元は遠州《えんしゅう》（静岡県）山名郡貫名郷の小領主だったが、領地争いの訴訟《そしょう》に破れてこの安房の国に流され［イ］となった。母は本姓清原といい、歴《れっき》とした名家の出であると伝えられる。

日蓮は自身を「東条郷の片海の海人《あま》の子である」とか「安房の国海辺の旃陀羅《せんだら》の子なり」などと述べているが、家系や出自について詳しく書き残していない。

中世の身分社会では［イ］は賤民《せんみん》とされた。日蓮は自分が漁業を生業《なりわい》にした貧しい家の生まれであることを少しも拘泥《こうでい》していない。「［ロ］の前では、俗世間の身分や階層などいっさい関係ないのだ」「素性の賤《いや》しいことは少しも恥ずかしいことではない」といって、むしろそのことを後に誇りを持って宣言している。

（童門冬二著『国僧日蓮　上』学習研究社より）

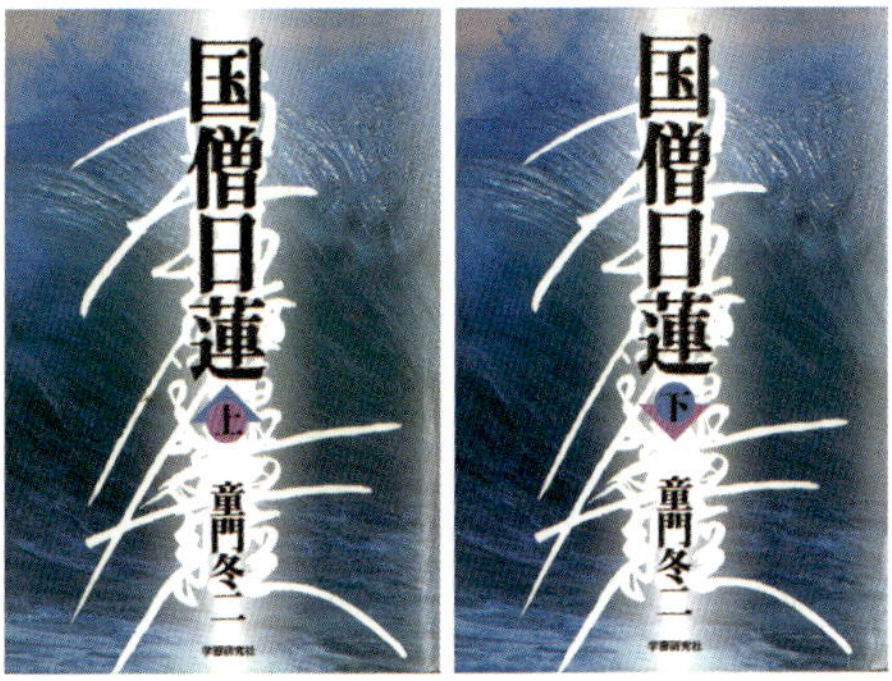

童門冬二著『国僧日蓮 上・下』学習研究社（品切・重版未定）

まだ誰も「日本」という国の概念をもっていなかった時代に、国のあり方を問い、また、幕府や武士のあり方を探求しつづけた僧、日蓮を描いた小説です。作者の童門冬二は、現代にも通じる実学、知恵や指針にスポットをあてて歴史を描くことが得意な作家です。

解説

【生まれ】 貞応元年（一二二二）二月一六日。安房国（千葉県南部）、小湊の海に蓮華の花が咲き誇り、花の周りで鯛が踊るという不思議なできごとが起きたといいます。その日、この地に生を受けたのが日蓮です。父の貫名次郎重忠は武士で、遠江《とおとうみ》（静岡県）の小領主でした。しかしある事件で嫌疑をかけられて安房に流され、地元の人々と同じように漁をなりわいとするようになったのです。安房に住み着いてからの重忠は、出自を鼻にかけることもなく、実直に働き、根っからの漁師のように暮らしました。そんな重忠を、人々は親しみをこめて「仏次郎」と呼んだといいます。

いっぽう、母の梅菊は豪族の娘でした。重忠も梅菊も立派な家柄の出で、高い教養を身につけていたので、幼い頃の日蓮は父母から読み書きなど手厚い教育を受けて育ったのです。

【仏教の平等思想】 仏教とは、「だれもが仏の心を持っている。そのことに気づけば安寧が得られる」という釈尊の教えです。釈尊が教えを説いた約二五〇〇年前のインドや、日蓮が生きた鎌倉時代の日本は、地域による差や貧富の差がありました。貧しい家庭が多い地で育った日蓮も、社会の底辺で生きる人々の苦しみを痛いほど感じていました。しかし同時に、仏の世界では万人が平等に救われることも知っていました。だから日蓮にとっては、この世での出自、身分や階級などは気にすることではなかったのです。

イ：漁夫　ロ：仏

問 13

清澄寺《せいちょうじ》での修学《しゅうがく》

日蓮は一二歳で天台宗系の清澄寺に入山。「われを日本一の智者になし給え」と本尊である虚空蔵菩薩に大願をかけ、厳しい修行の日々を送り、一六歳のときに得度しました。この修行時代、日蓮は当時の仏教に大きな疑念を抱きます。そしてそれが、後の日蓮の人生を決定づけるのです。次の文章は、日蓮が心のうちを師・道善房に打ち明ける場面です。

「私には、いまの仏法が信じられませぬ」

「な……なんという?」

あまりのことに道善は、手にした中啓《ちゅうけい》をとりおとしそうになった。

「それではこなた、山を下って還俗《げんぞく》する気か」

「いいえ、そうではございませぬ。ただ、いま世に行なわれている仏法のことでございまする。法相宗は六経十一論に依り、真言宗は大日、金剛、蘇悉地《そしつじ》の三経、華厳宗は華厳、［ イ ］宗は法華、念仏宗は阿弥陀、観経、大経と、各宗各派みな依《よ》るところが違いまする。そのうえ僧侶の持戒はくずれ、衆生はいっこうに［ ロ ］に近づきませぬ。お師さまはこの事実を何とご覧になられまするか。釈尊のご理想はただ一つのはずなのに、導く者の足並みが、［ ハ ］にわかれていて、どうして極楽へ近づけ得ましょう」

（山岡荘八著『日蓮』山岡荘八歴史文庫4 講談社より）

山岡荘八著『日蓮』山岡荘八歴史文庫４　講談社

時代小説の大家・山岡荘八の描く、日蓮の半生記です。ドラマティックなストーリー展開と、登場人物たちのテンポのよいセリフのかけあいによって、日蓮の苦悩や憤りが明確に伝わってきます。本作で扱われているのは日蓮が37歳頃までの話です。

解説

【八宗十宗《はっしゅうじっしゅう》】　六世紀に伝来した仏教は、奈良時代に教義研究が活発になり、南都六宗（律宗《りっしゅう》、倶舎宗《くしゃしゅう》、成実宗《じょうじつしゅう》、法相宗《ほっそうしゅう》、三論宗《さんろんしゅう》、華厳《けごん》宗《しゅう》）が成立。平安時代には最澄が天台宗、空海が真言宗を開きました。この八つを「八宗」といいます。さらに、鎌倉時代に開かれた道元と栄西の禅宗、法然の浄土宗をあわせて「十宗」といいます。唯一であるはずの釈尊の教えがこのように分裂したこと、しかもそれぞれが自分の宗派を自賛し、他の批判に終始しているのを見て、日蓮は「これでは衆生が救済されない」と、義憤にかられたのです。

【戒】　ほとんどの宗教には信徒が守るべき決まり、すなわち戒というものがあります。仏教では、もっとも基本的な戒を「五戒」といいます。殺さない（不殺生戒）、盗まない（不偸盗戒《ふちゅうとうかい》）、不適切な性関係を結ばない（不邪淫戒）、嘘をいわない（不妄語戒）、酒を飲まない（不飲酒戒《ふおんじゅかい》）の五つです。ただしこれは在家信徒のための戒で、出家僧には男性で二五〇、女性で三五〇ほどの戒がありました。

たとえば、鎌倉時代には僧の肉食、妻帯が誡められていました。ところが、日蓮と親鸞は「末法無戒論」を展開しています。日蓮は最澄が著したとされる『末法灯明記』の末法における持戒の者は「市に虎あるがごとし」と、希有なることを引用し、お題目への信心がそれに代わるとしています。

イ：天台　ロ：極楽浄土　ハ：八宗十宗

問14

比叡山《ひえいざん》での修学《しゅうがく》

「本当の仏法とは何か」。その答えを探して、日蓮は一七歳で鎌倉へ。さらに二一歳から京都、奈良の諸寺を巡って仏道修行に励みました。そして仏教経典のすべて（一切経）、インドや中国の高僧の著した文献、中国の史書や日本の古典などを読破しました。左の文章は、最澄が天台宗を開創した比叡山延暦寺において、総学頭の俊範《しゅんぱん》との間で交わされたやりとりです。


「鎌倉で禅を学んだと聞くが、禅宗を何と思う」

「釈尊の教えの外に、真実の教えがある。経文よりも離れたところに悟りがあるといって憚《はばか》らないのが、合点がいきません」

「［イ］の念仏をどう思うか」

「選択本願念仏集を拝読いたしましたが、念仏を唱えて往生できない宗徒をこの目で見て参りました。真の［ロ］の本願を伝えるものとは思えません」

「天台真言をどう思うか」

「天台真言と法華経とどちらが［ロ］の教えに叶うのか、未だその本義が掴めずにおります。これから勉強したいと思います」


（童門冬二著『国僧日蓮　上』学習研究社より）

比叡山の教育制度

比叡山延暦寺は、伝教大師最澄が延暦7年（788）に開いた天台宗の総本山。最澄は菩薩僧の育成のため、比叡山にこもって修学修行に専念する12年間の教育制度の樹立を図りました。鎌倉時代以降は日蓮、法然、親鸞、一遍、栄西、道元など、日本仏教各宗各派の祖師が比叡山に学んでいます。

解説

【末法思想】 末法思想とは、釈尊の入滅後二〇〇〇年経つと仏の教えが衰えて末世に陥るという考えです。日本では一〇五二年を末法元年とする説が広まりました。あと数十年でその末法の世が始まるというときに、摂関政治から院政への移行、武士の台頭、治安の乱れなどの世相が重なり、危機感や厭世観が社会に蔓延したのです。そういうなかで流行したのが、法然の説いた教えでした。

【法然の念仏】「阿弥陀如来にすがって南無阿弥陀仏という念仏を唱えれば、極楽に往生できる」というのが、法然（一一三三～一二一二）の教えです。従来は、難解な教義を学んだり経典を覚えたり、厳しい修行で悟りを得たものが救われるという考えが主流でした。つまり仏法を学べる身分の人、教義や経典を理解できる人が救いの対象だったのです。しかし法然の教えは、身分や能力に関係なく、念仏を唱えればだれもが救われるという平易で平等なものだったため、大衆に熱狂的に受け入れられました。『選択本願念仏集』は、関白・九条兼実《くじょうかねざね》の要請で法然が書いた論文で、浄土宗の歴史のなかで画期的な意義をもつ書です。

日蓮も幼少のころから、父母に教えられて念仏を唱えていました。しかし、熱心な念仏者が悪病で死ぬという現実を目の当たりにし、また、承久の変に関係した人々が相次いで変死したという話を聞いて、念仏の功徳・真言の祈祷に疑いをもつようになっていきます。

イ：法然　ロ：釈尊

問15

立教開宗《りっきょうかいしゅう》

「法華経こそが、この国を救う唯一の仏法である」。約一五年にわたる遊学でそう確信した日蓮は、建長五年（一二五三）、生まれ故郷の安房、清澄寺に戻り、四月二八日の早朝、清澄山の山頂に立ち、昇り来る朝日に向かって朗々と「南無妙法蓮華経」と唱え、法華経への絶対的な帰依を表して立教開宗を宣言しました。

日蓮は立教開宗の直後、師・道善房《どうぜんぼう》の持仏堂《じぶつどう》（浄土堂）の前に集まった僧や信者たちの前で初転法輪《しょてんぼうりん》（ イ ）を行った。それは、聴衆を驚愕《きょうがく》させる内容だった。

「世間が乱れ、殺戮《さつりく》ばかりを繰り返す末法《まっぽう》の世において成仏する道は、『 ロ 』を信じるほかにない。 ハ を唱える者は無間地獄《むけんじごく》に落ちる」

と説いたその説法は、ほとんどが ハ 信者の聴衆から批判を浴びせられた。なかでも清澄寺に影響力を持つ東条郷の地頭《じとう》・東条景信《とうじょうかげのぶ》は熱心な ハ 信者であり、その説法に憤り、日蓮を斬り捨てようとしてその場は大混乱となった。

（山折哲雄監修『あなたの知らない日蓮と日蓮宗』洋泉社・歴史新書より）

山折哲雄監修『あなたの知らない日蓮と日蓮宗』洋泉社・歴史新書

「日蓮宗とは何か」を、わかりやすくコンパクトにまとめたビギナー向けの書。日蓮の生涯とその教え、立教開宗以後の歴史などアカデミックな内容以外に、葬儀の作法や年中行事といった身近な話題も取り上げています。

解説

【初転法輪《しょてんぽうりん》】 仏が法を説くことを「転法輪」といい、とくに悟りを開いた後に行う初の説法を「初転法輪」といいます。釈尊の初転法輪は、サールナートの鹿野苑《ろくやおん》で行われました。このとき釈尊は、「人生は苦しみの連続である。しかし、その苦しみも原因を究明すれば消し去ることができる」と説き、その方法を弟子たちに教えました。また、修行にあたっては極端な快楽にも極端な苦行にも偏らない、中道が大切であることも説きました。この初転法輪の内容が仏教の基本であり、今日も重要視されています。

【四箇格言《しかかくげん》】 日蓮は初の説法で、法華経こそが釈尊の真実の教えを説いた正法であることを説きました。これは、当時勢いのあった念仏・禅・真言・律の四宗派を評して「念仏無間、禅天魔、真言亡国、律国賊」と規定したこととして象徴化されていきます。「四箇格言」と呼ばれるもので、「念仏を唱えていると無間地獄に堕ち、禅宗は天魔の所業であり、真言宗を信じていると国が亡び、律衆は国賊だ」というのがその意味するところです。

しかし、明治時代初めの混乱期に日蓮系教団をまとめた新居日薩《あらいにっさつ》は、この四箇格言を次のように読み替えています。「仏を念ずること間（ひま）無ければ、天魔も禅（しずか）なり。真（まことに）亡国と言って、国賊を律すべし」ここには日蓮の過激ともいえる思想を転換して日本的な和の精神とする考え方がみられます。

イ：初めての説法　ロ：法華経　ハ：念仏

問 16

安房脱出《あわだっしゅつ》

大混乱に陥った初説法の場から、師と兄弟子の機転で脱出した日蓮は、法華経の教えを広めるために故郷の安房から鎌倉へ向かうことにしました。安房を出立する直前、日蓮が兄弟子二人に死身弘法《ししんぐほう》の決意を宣《の》べたのが、左記の文章です。念仏や真言を批判した真意が表されています。

「日蓮も最初は、どれか一宗、他宗を併呑《へいどん》してゆけるほどの正教あらばと、南都へおもむき、京をさぐり、念仏、真言とあさり歩いた。しかしいずれも、［ イ ］の仏教を一つにするほどの深さ、高さに欠けていました。学問としても、すでに他宗を弁駁《べんばく》し、折伏《しゃくぶく》するだけの備えがない。それゆえ新しく本門をひらいて、心ある僧侶のすべてが、これこそ真の仏法の門なりと、歓喜して入れるものを用意した。日蓮が他宗の攻撃は、ただ憎んでの攻撃ではない。仏法を一つの［ ロ ］にせんがため、涙をのんでの鞭《むち》でござる。いずれはそれが通じよう。通じるまでは後ろは見返らぬ覚悟なれば、清澄のお山とご老師のことはくれぐれもご両所に頼み入る」

浄顕はまた呆《あき》れたように日蓮を眺め、義浄を見やった。

（山岡荘八著『日蓮』山岡荘八歴史文庫4 講談社より）

清澄寺の日蓮聖人像

千葉県鴨川市清澄にある清澄寺は、日蓮が 12 歳から 16 歳まで過ごした霊跡であり大本山です。清澄山（きよすみやま）山頂旭が森に立つ日蓮聖人銅像は、大正 12 年（1923）彫刻家の渡辺長男によって制作されたもので、立教開宗の日蓮を力強く表しています。

解説

【日蓮という名】　日蓮は幼名を「善日麿」といい、一六歳で出家したときに僧名「是《ぜ》聖《しょう》房《ぼう》蓮《れん》長《ちょう》」を授かりました。そして立教開宗を宣言した建長五年（一二五三）のころに、「日蓮」を名乗るようになります。日蓮という名の「日」には、太陽（日輪）の光がすべての人々に注がれるように法華経の信仰も広まること。「蓮」には、泥の中でも清く美しく咲く蓮華の花のように、釈尊の仏弟子となって苦しんでいる人々を救い導きたい、という願いがこめられています。

【正法《しょうぼう》】　正法という語には二つの使われ方があります。一つは、「正しい仏法が行われる時期」のことで、釈尊の入滅から一〇〇〇年（五〇〇年との説もある）をさします。その後、仏法は存在するものの、正しい修行が行われず、悟りに至る者が現れなくなる「像《ぞう》法《ぼう》」という期間が一〇〇〇年（または五〇〇年）。それがすぎると、仏法を守る者も行う者も、悟る者も現れなくなる「末法」の期間に入ると考えられていました。

　正法のもう一つの意味は「正しい仏教の教え」ということです。引用文中で日蓮が使っている正法の意味はこちらで、日蓮の著作物などに見られる正法という語も、ほとんどの場合、法華経をさしています。すべての経文の中で釈尊の真意を伝えているのは法華経のみで、それ以外の経文は未熟な人々を教育し、法華経の教えを理解できるようにするためのものである、というのが日蓮の考えです。

イ：末法　ロ：正法

問 17

鎌倉辻説法《かまくらつじせっぽう》

幕府の置かれた鎌倉に入った日蓮は、「南無妙法蓮華経」と大書したのぼりを立て、数珠を握りしめながら、町辻で法華経を説きました。鎌倉には念仏信者が多く、他宗の僧侶も大勢いたために、日蓮の説法はたちまち噂になり、町中が大騒ぎとなりました。

五日、六日と聴衆は静穏であった。ただ幕府に近いこの辻に立って、［イ］の帰依している禅宗を罵《ののし》り、国の紊れを説く不敵さに驚いて、眺めているだけであった。狂人だろうと人は思うのだった。

しかし、そうではない。話の意味がすっかりわかるわけではないが、いうことが何となく筋道が立っているように思われて来る。それに、その他の場合を見ると、おとなしい坊さまで常軌を外れたようなところは毫《ごう》も見えない。

［ロ］をやめてから旗をかついで帰って行く時などは、子供たちがぞろぞろ後をついて行った。日蓮は自分もそれをおかしく感じたように、にこにこしている。風采《ふうさい》に威厳のあるひとだから、悪戯《いたずら》の機会を狙っている悪童たちも何も出来ないのだった。

（大佛次郎著『小説　日蓮』成美堂出版より）

鎌倉を見舞った災害

1253 年 6 月	大地震
1254 年 1 月	大火
1256 年 8 月	大風雨、洪水
8-9 月	はしかの流行
1257 年 8 月	大地震（正嘉の大地震）
11 月	再び大地震
1258 年 8 月	大風雨
1259 年 春	大飢饉と疫病
1260 年 4 月	大火
8 月	大雨

解説

【一門の形成】 日蓮が鎌倉の辻に立って始めた説法は、他宗の誤りを鋭く批判して、法華経の正しさを説くというものでした。このように、他の誤りを徹底的に破折して正法に導く方法を、仏教では「折伏《しゃくぶく》」といいます。鎌倉の人々は当初、日蓮の激烈な説法に抵抗感を抱いていましたが、次第にそれが子の幸せを願う父親の厳しい戒めのようなものであることを感じはじめ、熱心に耳を傾ける人が増えてきました。そうした人々によって一門が形成されはじめ、後の有力な弟子や檀越《だんのつ》が生まれたのです。日昭もその一人です。

日昭は天台僧でしたが、比叡山に修学に訪れた日蓮と出会って学徳に魅かれ、山を降りて、鎌倉に赴いて師弟の契りを結びました。日蓮は「もし自分が倒れたら一門を日昭に任せたい」と考えていたかもしれません。他に、日昭の甥の日朗が一〇歳ほどで入門。富木《とき》常忍《じょうにん》、四条金吾など豪族や武士などが多数帰依しました。

【当時の鎌倉】 日蓮が鎌倉で活動を始める少し前から、関東地方は毎年のように種々の災害に見舞われるようになりました。中でも甚大な被害を出したのは、正嘉元年（一二五七）八月に鎌倉を襲った「正嘉の大地震」でした。『吾妻鏡《あづまかがみ》』によれば山が崩れ、所々で地割れがして水が噴き出し、人家はことごとく倒れ、ほうぼうで火災が起きて、数万人の死傷者が出たといいます。日蓮は地獄絵図のような町の様子を目の当たりにして、大きな衝撃を受けました。

イ：執権　ロ：説教

問 18

一二六〇年《ねん》、『立正安国論《りっしょうあんこくろん》』

度重なる天変地異、貧困にあえぐ人々、社会を覆う不安。このままでは国が滅びて民が救われないと危機感を募らせた日蓮は、正法に基づく国造りを説いた書、『立正安国論』を書き上げ、文応元年（一二六〇）に幕府に上奏しました。左の文章は、『立正安国論』を鎌倉幕府の前執権・北条時頼に上奏し、面会したときのやりとりです。

「お分かりいただけるのなら、是非、ご決断を賜りたいものです。正しい［イ］を奉じ、謗法の輩を退治する以外に、この国を救う手だてはござりませぬ。疲弊し、苦難のどん底に叩き落された衆生を救うには、最明寺殿《さいみょうじどの》（注・北条時頼のこと）のご決断がすべてかと。もし許されるのなら、公の場で、［ロ］の念仏衆と法論を戦わせることも覚悟しておりまする」

「法論とな」

「是非とも。どちらの奉じる［イ］が［ハ］の教えにかなうものなのか、法論によって決着をつけるのが筋かと存じまする」

（ふりがなと注は編集部）

（島田裕巳著『小説　日蓮　上』東京書籍より）

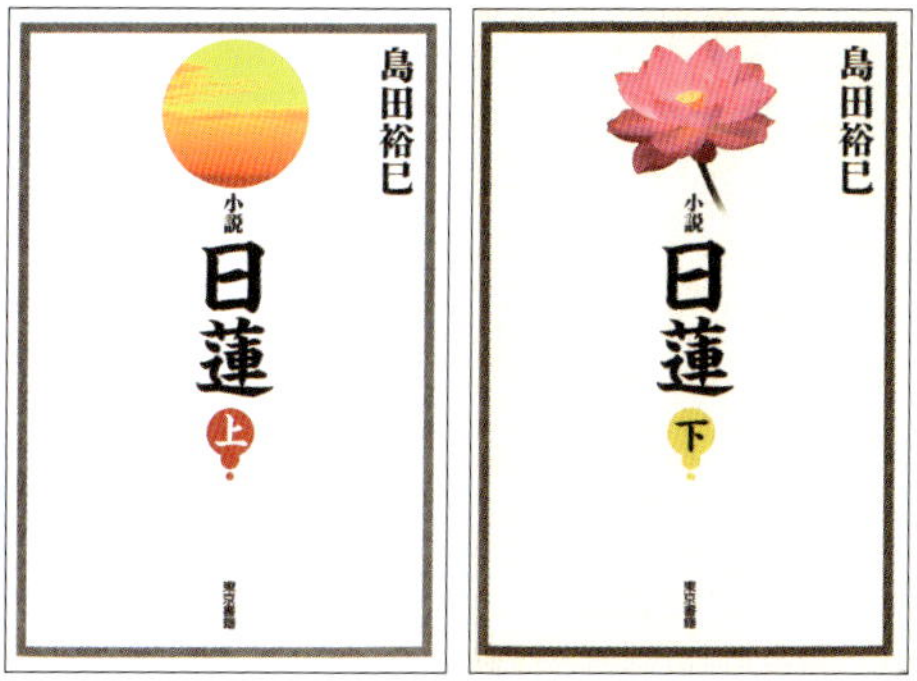

島田裕巳著『小説　日蓮 上・下』東京書籍

社会宗教学者である島田裕巳の処女小説。物語は1257年に鎌倉で起きた大地震から始まっています。さらに続く飢饉、疫病、そして蒙古襲来。国家の危機のなかで、ひとりの人間として迷いながら、信仰の形を確立していく宗教者・日蓮が描かれています。

解説

【立正安国論】 天変地異や災厄が続くのは誤った仏法を広めたことが原因で、国と民を救うには法華経を根本とした国造りをすべきであるという提言を、ときの最高権力者・北条時頼に上奏した書です。日蓮の三大著作のひとつに位置付けられています。

日蓮が本書で邪法の代表として断じたのは、法然の念仏宗のことです。「南無阿弥陀仏」と念仏を唱えて阿弥陀如来に帰依し、来世での救いを願い求める信仰で、そのわかりやすさから多くの民衆に受入れられました。それに対して日蓮は、現世こそが仏の存在する寂光の浄土で、この世をより良くして民を救うことが安穏な世を築く方策だと考えていました。

幕府が念仏を一掃しないと国内はさらに混乱し、外国からの侵略によって国が亡びると主張しますが、時頼は日蓮と面会したものの、話には耳を貸しませんでした。世の乱れを憂うことは日蓮と同様でしたが、禅に帰依して出家していたため、日蓮の禅批判には嫌悪感を抱いていたことが理由だといわれています。

【元寇】 日蓮は『立正安国論』のなかで外国の脅威を国難のひとつにあげていましたが、同書を著した八年後の文永五年（一二六八）、蒙古（モンゴル）の使者が朝貢を求めて来日。これを幕府が無視すると、その後二度にわたって玄界灘周辺に攻めてきました。日蓮の予言は的中したわけです。

イ：仏法　ロ：法然　ハ：釈尊

問 19

松葉谷法難《まつばがやつほうなん》

「念仏こそ国難の原因である」という日蓮の上奏は、大きな波紋を呼びました。上奏の内容に激怒した念仏宗の宗徒たちが、日蓮の草庵に夜襲をかけたのです。これが松葉谷の法難です。左の文章はその一場面。泊まり込みで日蓮の警護をしていた進士太郎と能登房の応戦も空しく、草庵は火に包まれ、賊たちの声が響き渡ったとされます。

「お上人さま、敵は一歩も入れませぬ。その間に早く」

一人は太刀を抜き、一方は太い樫《かし》の杖を斜めに構えて、寄せ手の中へ打って出た。

ようやく遅い月が出て、焔の色は朱のようにあかく、［ イ ］の太郎に斬り立てられる武者の姿が影絵のようにあざやかだった。

能登房はこれも万一の場合には上人を守りおわせんと、自分から泊まりこんでいるだけあって縦横無尽《じゅうおうむじん》にあばれまわる。

さすがの寄せ手もこの二人をあしらいかねて、ついに遠巻きにしたまま［ ロ ］の焼けおちるのを待つ姿勢になった。

「日蓮をのがすな」

（山岡荘八著『日蓮』山岡荘八歴史文庫4 講談社より）

草庵跡に建てられた妙法寺

松葉谷の草庵がどこであったか定かではありません。鎌倉市大町（名越）の妙法寺や安国論寺、長勝寺もまた、松葉谷草庵跡といわれてきています。妙法寺は日蓮が布教の拠点とした草庵跡に建てられたとされ、境内奥の山腹に碑が建っています。妙法寺の境内には美しい苔に覆われた石段があり、別名苔の寺とも呼ばれています。

解説

【松葉谷法難】『立正安国論』を幕府に建白した四〇日後の八月二七日深夜。日蓮が松葉谷に構えていた草庵が、焼き討ちにあいました。念仏宗の宗徒約一〇〇人が、いっこうに止まない日蓮の念仏批判に怒りを募らせて、襲ったのです。背後で糸を引いていたのは、幕府の為政者や鎌倉宗教界の実力者たちでした。これが「松葉谷法難」で、日蓮が生涯に見舞われた四大法難の最初の法難です。

この夜、どこからともなく白猿が現れ、日蓮の着物の袖をしきりに引っぱって裏山にある岩窟に連れて行ったため、日蓮自身は焼き討ちにあわずにすんだという伝説が残っています。三日後、大檀越の富木常忍《ときじょうにん》が岩窟のなかで読経をしている日蓮を見つけ、下総国（千葉県）の自邸にかくまいました。その地で日蓮は、常忍らの依頼で一〇〇日間にわたる説法を行ったといわれています。

【富木常忍】下総国の豪族で、一二五三年頃には入信していたとの記録があり、日蓮の志をごく初期から支え続けた有力檀越です。日蓮にたびたび襲いかかる災厄のたびに、常忍は助けに駆けつけ、流罪になったときには、米、銭、衣服などの他、書きものをするための筆や墨を送るなど細やかな配慮を怠りませんでした。日蓮も常忍を信頼し、『観心本尊抄』をはじめ多くの著作物、書状を送りました。常忍は後に出家し日常と号し、自邸を法華寺としました。それが現在、千葉県市川市にある正中山法華経寺となっていきます。

イ：進士　ロ：草庵

問 20

伊豆法難《いずほうなん》

松葉谷の法難の後、すぐに二度目の法難が日蓮を見舞いました。伊豆へ流刑されることになったのです。日蓮は、正当な仏法を守るために受ける迫害は恐れませんでした。しかし、国が誤った法を信じて危機に陥り、そのために大衆が苦しむことには我慢がなりませんでした。

船の旅はまことに心地よきものにて候。これが流罪地への旅でなければ、唐土《もろこし》や天竺《てんじく》まで渡り、［イ］の根源を探ってみたいと思い至りしほどなり。

当地では、船を港に入れることを許されず、この身は、海上に浮かぶ岩の上に置き去りにされもうした。（中略）

伊豆においては、［ロ］なる者のやっかいになっておるが、案じられるのは、この日本国の行く末ばかり。［ハ］の教えが法華経においてはじめて明らかにされたという真実を知らず、誤った［イ］にすがる輩が消えていかぬ限り、末法の世には、あまたの災難が続くことは必定。

なぜそれを明らかにした日蓮が流罪にあわねばならぬのかと、ただ口惜しいのはそのことでござる。

（島田裕巳著『小説　日蓮　上』東京書籍より）

伊豆法難で置き去りにされた「俎岩」

説法で幕府の批判をしたとして伊豆国伊東へ流罪となった日蓮ですが、なぜか船は港まで行かず、浜からすぐそばの岩場へ日蓮を置き去りにします。この岩は後に「俎岩」（まないたいわ）と呼ばれるようになりました。

解説

【伊豆法難】 松葉谷の法難の後、日蓮は鎌倉に戻って、再び辻説法を始めました。「幕府は念仏や禅など誤った仏法を黙認している」、というのが説法の主旨でした。六代執権・北条長時と父・重時は、これが御成敗式目の第一二条「悪口の咎」にあたるとして、正式な詮議もしないまま、日蓮の流罪を決定しました。

　弘長元年（一二六一）五月一二日、鎌倉を出発した小船は、日蓮を浜から離れた俎岩《まないた》に置き去りにしました。しかし幸いなことに、たまたま通りかかった川奈の漁師、弥三郎に助けられます。弥三郎夫婦は日蓮をかくまい、食事などの世話をします。

　その後、難病で苦しむ地頭・伊東八郎左衛門を平癒祈願で救ったのを機に、八郎左衛門からも帰依を受けるようになりました。そして弘長三年（一二六三）二月に赦免されるまでの間、八郎左衛門邸のそばの毘沙門堂で暮らしました。この毘沙門堂は、現在伊東市にある佛現寺の前身です。

【師弟の別れ】 日蓮が鎌倉を立つ日、弟子の日朗は船にすがりつき、「一緒に連れて行ってほしい」と懇願しました。しかし日蓮は、「伊豆と鎌倉は海でつながっている。東から昇る太陽を見たら、私はお前のために祈ろう。西に日が沈むのを見たら、その方角に私がいることを思い出しなさい」と諭し、お題目を唱えながら涙の別れをしたといわれています。

イ：仏法　ロ：伊東八郎左衛門尉　ハ：釈尊

問 21

ふるさと再訪《さいほう》

赦免され、伊豆から戻った日蓮は、一〇年ぶりに故郷へ帰り病床の母を見舞いました。同時に、仏道を指南してくれた清澄寺の僧・道善房に会い、法華経への帰依を熱心に説きました。日蓮は関わりのある人々を大切にし、他者を慈しむ心にあふれた人であり、それだけに旧師に法華経への帰依を勧められずにはいられなかったのです。

この帰省中に日蓮は［ イ ］での旧師道善房に会って、彼の愚痴にして用いざるべきを知りつつも、じゅんじゅんとして［ ロ ］に帰するようにいましめた。日蓮のこの道善への弟子としての礼と情愛とは世にも美しいものであり、この一事あるによって私は日蓮をいかばかり敬愛するかしれない。凡庸の師をも本師道善房といって、「表にはかたきの如くにくみ給うた」師を身延隠栖の後まで一生涯うやまい慕うた。父母の恩、師の恩、国土の恩、日蓮をつき動かしたこの［ ハ ］の至情は近代知識層の冷やかに見来ったところのものであり、しかも運命共同体の根本結紐として、今や最も重視されんとしつつあるところのものである。

（倉田百三著「学生と先哲――予言僧日蓮」角川書店『青春をいかに生きるか』所収より）

誕生寺の日蓮聖人御幼像

日蓮が貞応元年（1222）2月16日に小湊片海の地に降誕したとき、庭先から泉が湧き出し産湯に使った（「誕生水」）、浜辺に青蓮華が咲いた（「蓮華ケ渕」）、海面に大小の鯛の群れが集まった（「妙の浦」）という不思議な「三奇端」が伝えられています。直弟子日家上人が建立した誕生寺の境内には、幼い日蓮の像が建てられています。

解説

【帰省】 弘長三年（一二六三）、赦免となった日蓮は鎌倉に戻り、ほどなくして故郷の安房へと向かいました。母の妙蓮が危篤に陥ったとの知らせを受けたからです。日蓮は母のために病気の平癒と延命を祈願し、心をこめて法華経を唱えました。その甲斐あってか妙蓮は、その後四年近く元気に暮らしたといわれています。

妙蓮は仏恩に感謝して菩薩荘厳堂を建立。その後、直弟子の日家が、日蓮の生家跡に一宇の堂を建てて、日蓮誕生寺と称しました。それが、水戸家の外護を得て現在の小湊山誕生寺になりました。

清澄山の道善房は温かい人柄で、生涯日蓮の身を案じ続けました。学徳も信念も薄く、また地頭の東条景信の勢威を恐れていたため、日蓮の教えを理解しようとはしませんでしたが、後には法華経に帰依したと伝えられます。

【四恩】 人間はこの世でさまざまな恩を頂いています。産み育て、成長を見守ってくれる父母の恩。生きとし生けるすべてのものから頂く衆生の恩。国造りをしてくれる国王の恩。そして仏法僧から授かる三宝の恩。この四つの恩を「四恩」といいます。

日蓮は『開目抄』で、「仏弟子たる者は孝養を尽くすべきであり、その孝養とは四恩を知って恩に報い（報恩）感謝すること」と説いています。そして真実の報恩とは南無妙法蓮華経のお題目を広く布教することだとします。

イ：清澄山　ロ：法華経　ハ：感恩

問 22

小松原法難《こまつばらほうなん》

日蓮に降りかかった三度目の法難、小松原法難は日蓮が刀傷を負い、弟子と檀越を失う惨事でした。しかし、法華経二八品のなかの勧持品一三には、釈尊の入滅後の乱れた世で法華経を守り抜き、広めていくには、さまざまな苦難に遭うことが必定であると記されています。日蓮の情熱は少しも冷めることはありませんでした。

聖人は花房蓮花寺を拠点として法を弘めておられたらしい。地頭の景信は日蓮来るの情報に襲撃の機会を狙《ねら》っていたろう。天津《あまつ》の工藤吉隆の願いにより、聖人は十一月十一日、花房の寺を立って天津に赴かれた。「申酉《さるとり》の時」（午後七時頃）とあるから、恐らく工藤の館からの帰途ではあるまいか。聖人の一行「十人ばかり」は「 イ 」と申す大路」に待ち伏せていた景信の配下「数百人の念仏者等」に射られ斬りつけられ、乗観房、長英房は重傷、 ロ は討死。急を聞いて現場に馳《は》せつけた工藤吉隆も戦死。聖人も「頭にきずをかほり左の手を打ちをらる」（『聖人御難事《ごなんじ》』）という刀難を被った。

（日蓮宗新聞社編『日蓮聖人―その生涯と教え―』浅井円道執筆「度重なる法難」日蓮宗新聞社さだるま新書より）

小松原山鏡忍寺の法難堂

鏡忍寺には、江戸期に活躍した地元鴨川出身の彫り物大工「波の伊八」作の七福神の彫刻があります。「波の伊八」という名前の示すとおり、葛飾北斎の浮世絵の中でも有名な「富嶽三十六景」の１枚「神奈川沖浪裏」に影響を与えた房総の名工として、よく知られています。

解説

【小松原法難】 文永元年（一二六四）一一月、母の病気見舞いのために帰省していた日蓮を、念仏の信者数百人が安房・小松原で急襲しました。「小松原法難」です。事件の首謀者は、東条景信。一一年前、日蓮が開宗宣言をした直後の説法で法華経への帰依を説いたとき、その内容に激怒して斬りかかった念仏信者です。日蓮に対する恨みを抱き続け、襲撃する機会をうかがっていたのです。

急襲を受けた日蓮たちは僧侶ばかりだったため応戦もできず、日蓮は額を切られ、左腕を骨折。一緒にいた二人の弟子は重傷。そして弟子の鏡忍房と、急を聞いて駆け付けた天津城主の工藤吉隆は落命しました。

日蓮をはじめ負傷した弟子たちが近くの花房蓮華寺（千葉県鴨川市）に避難したのは、夜も更けて暗くなってからのことでした。その後、命を落とした鏡忍房と工藤吉隆を偲んで、法難の地に鏡忍寺（千葉県鴨川市）が建立されました。

【法華経　勧持品第一三《かんじほんだいじゅうさん》】 法華経二八品のなかの勧持品第一三に、釈尊の入滅後の乱れた世で法華経を守り抜き、広めていくには、さまざまな苦難に遭うことが必定であると記されています。日蓮は、法難に遭うことを覚悟していました。同時に、自分の行いが正しいからこそ苦難を受けるのだと受け止め、ますます弘通に情熱を傾けていったのです。

イ：東條松原　ロ：鏡忍房

問23

『十一通御書《じゅういっつうごしょ》』

文永五年（一二六八）、モンゴル帝国（蒙古）の使者が国交を求めて来日。朝廷と幕府は蒙古への対応に翻弄され、また、日蓮は危機感を強めて活動を活発にしていきます。かつて『立正安国論』を北条時頼（最明寺入道）に取り次いでくれた宿屋入道最信でしたが、今回、新執権北条時宗への取次を頼んでも動いてくれません。

日蓮は、「こうなった以上は、自分が頼みとする幕府首脳部や、法敵とする大寺に対し、直接諫言《かんげん》しよう」と考え、十一通の諫言状を書いて送りつけた。

送ったのは幕府首脳部、［イ］、平頼綱、宿屋入道最信、北条弥源太、建長寺・道隆、極楽寺・良観（忍性）、大仏殿別当、寿福寺、浄光明寺、多宝寺、長楽寺である。

これを後に、『十一通御書《ごしょ》』あるいは、『十一通書状』と称した。

新執権［イ］への書状の書き出しは次のようなものだ。

「謹んで言上いたす。正月十八日、西のえびす大蒙古国より国書が到来した、ときく。日蓮は、先年諸経の肝要の文を集め、このことについて考えたことを『［ロ］』にまとめて提出した。蒙古から国書が到来したのはこの『［ロ］』に書いた事と全く違わない。的中した。（後略）

（童門冬二著『国僧日蓮　上』学習研究社より）

北条時宗の廟所　仏日庵

鎌倉五山、円覚寺の奥山にある仏日庵は北条時宗が庵を開いて禅の修行をしたと伝えられる場所です。

解説

【十一通御書】 文永五年（一二六八）一〇月、日蓮は執権・北条時宗をはじめとする幕府の要人、建長寺や極楽寺など大寺院一一か所に意見書を提出しました。これが『十一通御書』です。その主旨は、いま直面している国難は正法である法華経を軽視して、念仏、禅、真言、律という邪宗を重んじた結果であること。教義の正邪について公の場で論議して決着をつけたい、という二点でした。しかし、幕府も大寺院の僧侶たちもこの意見書を黙殺。幕府は、律宗や真言宗の僧に元を調伏する祈祷を依頼するなど彼らを重んじ、日蓮を軽視する傾向を強めていきました。

【蒙古襲来】 日蓮が憂えた国難の始まりは、文永五年（一二六八）正月、大宰府（福岡県）に届いたモンゴル帝国のフビライ帝からの書状（国書）です。書状は鎌倉に送られ、鎌倉幕府は京の朝廷に回送します。文面は好意的に通交を求めるものですが、臣従を求めているのは明らかです。外交経験のない朝廷は返事を書くこともできません。以来、合計六度にわたりフビライは使節団を送ってきましたが、日本は返事をせず、その間にも、モンゴル帝国は強大化していきます。

ついに、モンゴル帝国と高麗の連合軍が対馬を侵攻するのは、十一通御書が奉じられた六年後の文永一一年（一二七四）のことであり、日本ではこれを「元寇」の一回目「文永の役」といいます。

イ：北条時宗　ロ：立正安国論

問 24

龍口法難《りゅうこうほうなん》

文永八年（一二七一）、日蓮は「治安を乱している」という理由で捕えられ、斬首に処せられることになりました。これが生涯最大の危機となった龍口法難です。日蓮自身も殉教を覚悟し、刑場に連れていかれました。しかし、刑が執行されるというまさにその時、光る物体が出現し、役人たちは振り上げた刀を取り落とします。

現在のところ「光り物」を裏付ける確たる文献資料は見つかっていない。

それでは〝事実〟はどのようなものであったのだろうか。ここにその手がかりとなる聖人の［イ］で幕府の儒者である大学三郎の行為について述べられた『大学三郎御書《だいがくさぶろう》』がある。それによると大学三郎が親交のある北条［ロ］の舅にあたる安達泰盛に働きかけ、それに応じた泰盛は時宗に聖人の「頸の座」中止を申し入れたものと考えられ、また時宗の妻の懐妊によることもあって難を免れた（高木豊『日蓮』）とみられているのである。

ともあれ、九月十三日午前三時近くに聖人は龍の口を出、［ハ］の本間重連のところへ送られた。そして生きることまれな佐渡ヶ島に護送され、四年間の厳しい流謫生活を送ることになる。

（日蓮宗新聞社編『日蓮聖人―その生涯と教え―』清田義英執筆「龍口法難 頸の座」日蓮宗新聞社さだるま新書より）

龍口法難ゆかりの龍口寺

鎌倉のはずれにあった龍口は、今でこそ江ノ島を目の前にした観光地ですが、かつては幕府の刑場があった場所です。直弟子の日法が、延元２年（1337）に「龍口法難の霊跡」として、一堂を建立し、自作の日蓮聖人像と首の座の敷皮石を安置したのが、龍口寺の始まりです。

解説

【龍口法難】　文永八年（一二七一）九月一二日の午後、松葉谷の庵にいた日蓮は執権北条時宗に近侍する平頼綱に捕えられます。連行された日蓮は、「彼らの間違った信仰を正さなければ日本国は必ず滅ぶ」と言います。彼らとは念仏宗や禅宗の僧たちを指しています。

同時期、高麗の反乱軍からの援助要請と、モンゴル帝国の五度目の使節団の訪問が相次ぎ、幕府は外交問題に頭を悩ませていました。

日蓮は佐渡流罪を申し渡されました。ところが深夜に龍口に着くと、予定していたかのように「頸の座」へ、すなわち頸を切られることになるのですが、奇跡が起こります。

「頸の座」の史実については、明治時代に歴史学者重野安繹《しげのやすつぐ》と田中智学の間で論争が起こったり、光る物体は何だったのかについて科学的な関心を集めてきました。

【大学三郎】　父は源頼朝の御家人比企能員《ひきよしかず》と伝承されますが未詳。三代実朝側についた比企氏は滅びますが、二歳だった末子の三郎は助命され、京の東寺で成長します。学問に優れ、儒者として天皇に仕えるまでになります。日蓮は大学三郎の学識をみとめ、『立正安国論』を上奏する前に読んでもらい意見を求めています。

日蓮が松葉谷に草庵を構えた頃、三郎も京を離れ、鎌倉・比企谷に住み、鎌倉幕府に仕えるようになったといわれます。そして、日蓮の檀越として尽くします。

イ：檀越《だんのつ》　ロ：時宗　ハ：依智

問 25

佐渡流罪《さどるざい》

次々と降りかかる法難を仏勅として受け止めて来た日蓮は、龍口法難、依智《えち》での一か月、寺泊への旅と打ち続く苦難に耐えるなかで、自分こそは法華経を広めるために末法の世に遣わされた行者であるという自覚を深めていきます。それは航行の順風を待ちながら書かれた『寺泊御書』などの書簡に吐露されるにいたります。

佐渡に護送されるに先立って、日蓮は次のような消息を信徒に認《したた》めていた。数数見擯出《さくさくけんひんずい》（勧持品《かんじほん》）ととかれて、度々失《たびたびとが》にあたりて重罪をけしてこそ、［イ］にもなり候はんずれば、我と苦行をいたす事は心ゆくなり（土木殿《とき》御返事）。「法華経」を弘通《ぐづう》する者には、弾圧・迫害はつきものである、と「勧持品」に説かれている。日蓮はこの「勧持品」にもとづき、たびたび［ロ］に処せられることによって、自らの重罪を消し、［イ］になることができるならば、心ゆくところである、と語っていたのである。これはまさしく、「値難忍受《ちなんにんじゅ》」の表明である。

（佐々木馨編『日本の名僧12 法華の行者 日蓮』佐々木馨執筆「日蓮の生涯」吉川弘文館より）

日蓮謫居を偲ぶ根本寺

佐渡流罪の際、日蓮が文永８年（1271）11月から翌年４月まで過ごし、『開目抄』上下２巻を著した霊跡塚原に建立されたのが根本寺です。天文21年（1552）に日成が三昧堂を正教寺としました。境内敷地は約１万7000坪で、本堂、祖師堂、三昧堂、二王門など29棟が鬱蒼とした杉や松に囲まれ、佐渡島の聖人謫居を偲ぶ聖蹟として、多くの参拝者が訪れています。

解説

【佐渡流罪】 日蓮は相模国依智（神奈川県厚木市）にひと月ほど留め置かれた後、一〇月一〇日越後・寺泊（新潟県）に向かって出立、佐渡に着いたのは一〇月も末でした。一〇月末といえば今の暦では冬の初め、雪も降り積もる時期だったでしょう。

当時の船は現在の赤泊港よりかなり北に位置する松ヶ崎海岸に着くのが通例で、日蓮はそこから険しい小倉峠を越えて国仲（佐渡島のくびれの部分の平野）の新穂へ向かったとされます。

ずっと日蓮に付き従ってきた日朗たちは、鎌倉の土牢に囚われており、富木常忍が付けてくれた入道も新潟の寺泊で帰してしまった今となっては、日蓮にとってはさびしい旅路となりました。

塚原（死人を葬る墓場）の三昧堂《さんまいどう》での生活は困難を極めましたが、翌年の四月になると、日蓮は一谷《いちのさわ》に移され、一谷入道の厚遇を得るようになっていき、さらに二年半の歳月を過ごします。

日蓮は思索の日々を重ね、その思想をますます深めます。それは後世の研究者が日蓮の佐前・佐後という節目を重視するようになるほど大きな意味をもつものでした。

【法華経　勧持品】「たもち勧める」とは、法華経の教えを、釈尊滅後の後世において広める者は困難や迫害に耐え忍ばなくてはならないと修行者の心得を記すものです。「悪口罵言《あっくめり》、刀杖瓦石《とうじょうがしゃく》、数数《さくさく》見擯出《けんぴんずい》」の言葉は日蓮の法難にまさに重なるのです。

イ：仏　ロ：罪科

問 26

佐渡《さど》の門弟《もんてい》

佐渡・塚原の生活が始まると間もなく、日蓮流罪の報を聞いて念仏宗や禅宗の僧たちが日蓮に法論を挑みにやってきます。文永九年正月一六日には佐渡・越中・越後などから招集された僧たちと「塚原問答」という法論が行われました。しかし、彼らはことごとく破れ、逆に日蓮に帰依するものが日増しに増えていきます。なかには出家して日蓮を支える弟子もいました。

夜明けも近くなっていた。

「お話身に染みて伺いました。改めて御意を得たく思います」

阿仏房は深く首を垂れて一礼すると、雪の降り積もる塚原を出て行った。

次の日夕方、阿仏房は妻だという品のいい老女を連れてきて、夫は堂の掃除を、妻は食事の世話などをしてくれた。阿仏房の妻は尼になり、［　イ　］と号して夫と共に上皇の墓を守り、菩提《ぼだい》を弔《とむら》っていた。

日蓮はそんな［　イ　］に、

「罪深いとされる女人こそ、女人の身のままで［　ロ　］できる」

と、法華経の真髄を説いて聞かせた。

（童門冬二著『国僧日蓮　下』学習研究社より）

塚原問答

寒風吹きすさぶ塚原の三昧堂で、日蓮は寒さと飢えに耐え、詰め掛ける諸宗の僧徒と激しい法論を交わしました。それを集約するのが「塚原問答」といわれるものです。この問答は念仏僧たちの敗退で、あっけなく幕を閉じ、日蓮の説法に敬服した多くの人たちが入信するきっかけとなりました。写真は佐渡の歴史を体感できるミュージアム「佐渡歴史伝説館」の展示より。

解説

【阿仏房《あぶつぼう》と千日尼《せんにちに》】 阿仏房は、承久の乱（一二二一年）で流罪になった順徳上皇に随行して佐渡に渡ってきた元武士で、上皇の崩御後に剃髪。妻の千日尼とともに島で菩提を弔っていたと伝承されます。二人も日蓮に問答を挑み、翻って日蓮に帰依します。以来、二里ほどの道を毎日のように通い、食事や身の回りの心配をし、また紙や筆を調達して日蓮の著作生活を援《たす》けました。

日蓮が佐渡を去った後も、敬慕すること少しも変わらず、しばしば貴重な供養の品々を送り、また、高齢にもかかわらず、三度、佐渡から身延山の日蓮のもとを訪れています。

日蓮はその篤い信仰心に感心して、「阿仏房こそ生きた仏身」と讃えたといわれています。

【一谷入道《いちのさわにゅうどう》と妙法尼《みょうほうあま》】 佐渡に流された日蓮は、塚原というところから一谷に移されました。一谷で献身的に奉公したのが一谷入道と妙法尼の夫婦です。

豪農だった一谷入道は、自邸の敷地内に阿弥陀堂をもつほど熱心な念仏信者でしたが、日蓮の人柄を愛し、敬意をもって世話をしたといわれています。夫である一谷入道は改宗に至らなかったものの、妻の妙法尼は日蓮の教えに傾倒して法華経に帰依し、熱心にお題目を唱えるようになりました。現在、佐渡市佐和田にある妙照寺は、一谷入道の阿弥陀堂が前身です。

イ：千日尼《せんにちに》　ロ：成仏

問 27

『開目抄《かいもくしょう》』

佐渡・塚原のあばら家での生活は、『立正安国論』を幕府に上奏したエネルギッシュな日蓮を、深い思索の世界に導きます。日蓮の思想は『開目抄』に勢いよくほとばしり出ました。

此《ここ》に予《よ》愚見をもて前四十余年《ぜんしじゅうよねん》と後八年《ごはちねん》との相違をかんがへみるに、其《その》相違多シといえども、先《まッ》世間の学者もゆるし、我が身にもさもやとうちをぼうる事は二乗作仏《にじょうさぶつ》・久遠実《くおんじつ》成《じょう》なるべし。

【要旨】ここに日蓮は愚かな理解によって [イ] 一代の教えのうち、『[ロ]』以前の四十余年の諸経と最後八年に説かれた『[ロ]』とを比較して、その相違を考察してみると、その間の相違はいろいろとあるけれども、まず世間の学者も認め、自分自身でもそうであろうと胸に思うことは、『[ロ]』の前半の主要課題である二乗作仏と、そして後半の主要課題である久遠実成とであろう。

（渡辺宝陽　小松邦彰著『日本の仏典9　日蓮』筑摩書房より）

松ヶ崎のおけやき

佐渡の松ヶ崎に降り立った日蓮が、佐渡の第一夜を過ごしたと伝えられる欅の木。写真の木は２代目ですが地元の人から「おけやき」と呼ばれ敬愛されています。

解説

【開目抄】 佐渡に入ったのは文永八年（一二七一）の一〇月末。雪に閉ざされた中で命の危険を感じながら、日蓮は『開目抄』を一気に書き上げます。全著作の中でいちばんの大作といえます。

自らを法華経の行者であると見極め、流罪の難は「小苦」に過ぎず嘆くことはないといい切る日蓮の強い意志がうかがえますが、弟子・信徒からのなぜ苦難が続き、加護がないのかという問いから、法華経を読み解いていくところに『開目抄』の真価があります。

右ページに記した短い文章は、日蓮の記したままの文章です。「二乗作仏」は声聞、縁覚も成仏できることをいい、「久遠実成」は釈尊の永遠不滅を証する言葉。「一念三千」とともに法華経の教えを端的に理解させてくれる象徴的な言葉です。

【日蓮を学ぶ】 引用した『日本の仏典９　日蓮』は、立正大学の学究を集めて執筆された一書。実際の『開目抄』は章に分けたり見出しが付けられているわけではないのですが、この本では『立正安国論』『開目抄』『観心本尊抄』の三大部の全文を、小さく区切り漢字かな交じりに読みやすくして、**【語釈】**と**【要旨】**を付けてあります。分厚い本ですが、ふりがなも付いているので一般読者でも日蓮が記した実際の文章を音読することもできます。

日蓮は三大著作の他にも数々の手紙を残しており、それらは原文に現代語訳や解釈を添えて多数出版されています。

イ：釈尊　ロ：法華経

問28

『観心本尊抄《かんじんほんぞんしょう》』

佐渡・塚原で『開目抄』を書き上げ冬を越した日蓮は、一谷《いちのさわ》へ移り『観心本尊抄』を著します。ここに至って日蓮の思索は法華経の教義にひそむ真理探究へと進みます。

如来《にょらい》滅後《めつご》五五百歳《ごごひゃくさい》始《し》観心本尊抄《かんじんほんぞんしょう》

本朝沙門《ほんちょうしゃもん》日蓮撰《せん》す

【語釈】○本朝沙門――本朝とは日本の朝廷の意であるが、さらに日本国の異称として用いられる。沙門とは出家者《しゅっけしゃ》の総称で、［イ］を求めて修業する人。日蓮は天台宗《てんだいしゅう》の僧（天台沙門）として［ロ］したが、純粋［ハ］信仰を標榜し、天台宗を乗り越えていった。そのような宗派意識を超えた仏道修行者としての自覚のもとで本書は著わされた。

（渡辺宝陽　小松邦彰著『日本の仏典9　日蓮』筑摩書房より）

一谷の袈裟懸けの松

日蓮が「観心本尊抄」を著した地、一谷（いちのさわ）には実相寺が建立されました。そこに今も残る古松は、日蓮がその枝に袈裟を懸けて、崖下の泉に下りて口をすすぎ、朝日を拝したと伝えられます。

解説

【観心本尊抄】　如来滅後五五百歳始観心本尊抄

本朝沙門日蓮撰す

真蹟の書き出しはこの二行から始まります。すなわちこの長いタイトルが正確な題名です。日本の天台の出家と記したところに、日蓮の法華経への真摯な心と、それを伝えるのは天台の智顗であり、伝教大師最澄であり、日蓮であるという自負も込められています。

行を改めすぐに「摩訶止観第五曰」と、天台智顗の著作の「一念三千」に関する部分を取り上げます。その後は、

問うて云《いわ》く、玄義《げんぎ》に一念三千の名目《みょうもく》を明かすや。答えて曰《いわ》く、妙《みょう》楽《らく》云く、「明かさず。」

問うて曰く、文句《もんぐ》に一念三千の名目を明かすや。

というように問答形式で進みますが、次第に問いも答えも重厚になっていき、先へ進むにつれ日蓮の一念三千論が展開され、「妙法蓮華経」を受持《じゅじ》することの重要性を述べます。

【法開顕《ほうかいけん》】　先に書かれた『開目抄』は日蓮自身の立場を明らかにしたという意味で「人開顕《にんかいけん》」と呼ばれます。対して『観心本尊抄』は法華経の教義を詳《つまび》らかにし、真理に至るという点から「法開顕」の書であるともいわれます。日蓮がそれまでの世の中や日本国を救おうと闘う姿勢から、思索へと沈潜していく岐路に立つ書となったとされます。

イ：悟り　ロ：出家　ハ：法華経

問 29

鎌倉帰還《かまくらきかん》

文永一一年（一二七四）、日蓮は赦免になり鎌倉に戻りました。赦免の背景には、元の日本侵攻が迫っているとの危機感をもった幕府の要人たちが、侵攻の時期を聞き出そうという意図があったようです。日蓮は改めて予言を行い、国難の原因は念仏などにあると諫言しましたが、その言葉はまたも無視されたのです。さて、そのときの日蓮の心の内は――。

水を打ったように人は静かになった。日蓮のおだやかな声だけが、次第に沈んだ熱を表面にあらわしてきていた。

「まことをいえば私は失望した。このくらいならば、佐渡からただちにどこかの山の中か海辺に隠れたほうがよかったのである。――私が鎌倉へ上って来たのは、もう一度平左衛門尉に申し聞かせて、国土を救い［イ］を助けようと思ったからであった。多年自分が心血をそそいで［ロ］のために尽してきたというのが、そもそもそれだったのである。眇《びょう》たる八宗、十宗の間に伍し、一宗一派の流祖たらむことは考えもせずにきたのである。今日［ロ］が認められたと申してもその程度なのは、まことに心外である。私の言葉はついに用いられなかった。三度諫めて用いられなかったわけである。」

（大佛次郎著『小説 日蓮』成美堂出版より）

生の松原元寇防塁

文永11年（1274）に元の襲来を受けた鎌倉幕府は、玄界灘に面した博多湾の海岸線に石築地（いしついじ）を築いて、再度の来襲に備えました。これを元寇防塁（げんこうぼうるい）と呼びます。長垂海岸から小戸海岸にかけての約2.5kmにわたり、元寇防塁が縫うように走っています。ここを生（いき）の松原元寇防塁と呼びます。発掘調査では、防塁は海への傾斜面に幅1～1.5m、高さ1.8mに石を積み上げ、その後ろを粘土で補強していたことがわかりました。『蒙古襲来絵詞』の防塁の前を馬上で進む場面はこの生の松原の情景です。

解説

【鎌倉への帰還】 日蓮が赦免されて鎌倉に戻ったのは、文永一一年（一二七四）三月末のことです。二年五か月にわたる佐渡の暮らしは過酷でしたが、一方では多くの熱心な信者が育ち、日蓮は彼らとの別れを惜しみ「後ろ髪を引かれる思いだった」と書に記しています。

赦免後の日蓮は幕府に召喚され、「元は本年中に攻めてくる」と予言。再度、正法である法華経を奉じるように忠告しました。しかし幕府の意向はあくまでも、政治的、軍事的な解決にあったのです。またも忠告が聞き入れられなかった日蓮は、「国を三度、諫めても用いられなければ山林に交わるべし」との故事にならい、身延に隠棲することを決意したのでした。ちなみに元は日蓮の予言通り、同年一〇月、三万を超える大軍で対馬と壱岐を攻めた後、博多湾に上陸しました。これが文永の役です。

【北条時輔の乱】 文永九年（一二七二）二月、執権の北条時宗に対し京都六波羅南方の北条時輔が謀反を起こし、時輔は誅殺。これにより反対勢力を一掃した時宗は、北条氏の独裁体制を確立しました。

日蓮は『立正安国論』のなかで、二つの国難が起きることを予言していましたが、その一つが「外敵の侵略」。もう一つが、内紛を意味する「自界叛逆難」でした。時輔の乱が起きたとき、日蓮の予言的中に恐れを抱いた幕府は、佐渡での日蓮の処遇を多少改善する意図で、塚原から一谷へと移したといわれています。

イ：衆生　ロ：法華経

問 30

身延隠棲《みのぶいんせい》

日蓮は当初、檀越の波木井実長が地頭を勤める甲州身延でしばらく過ごしてから、一人で全国を布教して回るつもりでした。しかし、深山幽谷の地に格別の愛着がわき、腰を落ち着けることにしました。身延には日蓮を慕う門弟たちが多数訪れ、七年後、門弟や檀越の援助によって法華経の本格道場ができました。

富木常忍《ときつねのぶ》の寄進や波木井実長《はきいさねなが》ら檀越の援助で、十間四面の［イ］が立派に完成した。当時の有名寺院が幕府や時の権力の庇護を受けて建てられた贅沢な［ロ］に比べれば、簡素なお堂であったが信徒らの心の籠《こも》った美しいお堂であった。

「見事なお堂を建ててくだされた」

日蓮の感激はひとしおであった。

弘安四年（一二八一）十一月二十四日、天台大師講に併せて日蓮は落慶供養《らっけい》の法会を行なった。山中では珍しい法会ということで、

「人の参ること、洛中・鎌倉の町の申酉《さるとり》のときの如く」

と遺文にあるとおり、身延山中は時ならぬ賑わいであったと伝えられる。［ハ］の始まりである。

（童門冬二著『国僧日蓮 下』学習研究社より）

久遠寺祖師堂

日蓮は信者であった南部（波木井）実長（さねなが）の招きにより、文永11年（1274）年5月17日、身延山に入山し、鷹取山（たかとりやま）のふもとの西谷に草庵を構えました。日蓮は以来足かけ9年にわたり、法華経の読誦（どくじゅ）と門弟たちの教導につとめ、弘安4年（1281）年11月24日には旧庵を廃して本格的な堂宇を建築しました。「身延山久遠寺」のはじまりです。

解説

【身延】 文永一一年（一二七四）、日蓮は深山幽谷の地、甲州身延（山梨県）に移り住みました。五三歳のときのことです。

身延での日蓮は、それまで以上に精力的に門弟たちの教育と著述活動に取り組みました。また信徒の供養のお礼に手紙を書き送り、指導をしたり、励ましたり慰めたりしていました。日蓮の書簡の数は、鎌倉仏教の祖師のなかでも群を抜いています。こうして日蓮の教えは広がっていったのです。日蓮が六〇歳になったときには、身延に本格的な法華経の道場が完成。そこではつねに三〇～四〇人の門弟が学び、活気にあふれました。

【報恩抄《ほうおんしょう》】 日蓮が身延で完成させた主著の一つに、建治二年（一二七六）に亡くなった道善房の回向《えこう》のために書いた『報恩抄』があります。道善房は日蓮が出家して僧になったときの恩師です。

『報恩抄』のなかで日蓮は、「自分が先頭に立って、雑念を交えず一心に法華経を唱える。最初はたった一人かもしれないが、その教えはかならず世に広まるはず」と述べ、さらに「数々の法難を耐え忍んで仏の教えを広めるのは、衆生の苦しみや悲しみを救うためであり、題目を唱えることは仏の本意」と記しています。そこには弘法に力を尽くし法華経を広めることによって、自身を仏の道へと導いてくれた師の恩に報いようとする日蓮のかたい決意を見ることができます。

イ：法華堂　ロ：伽藍《がらん》　ハ：身延山久遠寺《くおんじ》

問31

有力信徒《ゆうりょくしんと》たち

日蓮の活動を陰に陽に支えていたのが門弟や信徒たちです。彼らは為政者や他宗から圧迫や迫害にあっても、どんなときも師への支援を惜しみませんでした。日蓮もまた、門弟や信徒たちを励ましたり慰めたりしながら、教え導き続けました。次に紹介するのは、有力信徒の池上宗仲が父に棄教を強いられ、動揺していたときに、日蓮が書き送った手紙の一部です。

百に一、千に一も日蓮が義につかんとをぼさば、親に向ッていゐ切リ給へ。親なればいかにも順ヒまいらせ候べきが、［イ］の御かたきになり給へば、つきまいらせては不孝の身となりぬべく候へば、すてまいらせて兄につき候なり。兄にすてられ候わば兄と一同とをぼすべしと申シ切リ給へ。すこしもをそるゝ心なかれ。過去遠々劫より［イ］を信ぜしかども、佛にならぬ事これなり。しを（潮）のひるとみつと、月の出ツルといると、夏と秋と、冬と春とのさかひには必ス相違する事あり。凡夫の佛になる又かくのごとし。必ス［ロ］と申ス障《さはり》いできたれば、賢者はよろこび、愚者は退クこれなり。

（立正大学日蓮教学研究所編纂『昭和定本日蓮聖人遺文』「兵衛《ひょうえ》志殿《さかんどの》御返事《ごへんじ》」総本山身延久遠寺より）

久遠寺開基堂

身延山久遠寺開基堂の優美な厨子の中には、日蓮の有力壇越として知られる南部六郎実長の像が安置されています。檜の寄木造り、総丈58cmの坐像で、左手に経軸を持っています。昭和44年（1969）に身延町の文化財に指定されています。

解説

【池上兄弟】　池上氏は武蔵国池上の地頭で、兄・宗仲と弟・宗長は、日蓮が立教開宗してまもなく帰依したようです。しかし、父で作事奉行の康光は極楽寺良観の熱心な信者だったため激怒。兄弟の仲を裂いて事の解決を図ろうとし、兄を二度勘当。弟に家督を譲りましたが、その後も兄弟は励まし合いながら信仰を守りました。結局、後年になって父が勘当を解き、自身も日蓮に帰依するようになったのです。日蓮は池上兄弟を「真実の孝子」と称えています。日蓮が身延を出て療養に向かう途中に立ち寄ったのが、兄・宗仲の邸宅です。日蓮入滅後、宗仲は法華経一部八巻の文字数にあたる六万九三八四坪の土地を寄進したといいます。これが現在の池上本門寺（東京都大田区）の境内地となりました。

【南部実長《なんぶさねなが》】　波木井《はきい》実長とも呼ばれる南部実長は、甲州身延の領主で、日興の導きにより日蓮に帰依するようになりました。信仰が非常に篤く、龍口法難のときも揺らぐことなく、佐渡に流刑になった日蓮と頻繁に書簡を交わしました。

その後も、鎌倉での活動を断念した日蓮に身延への来訪をすすめ、身延での生活を支え、療養の旅に出るときに馬を贈るなど、援助を惜しみませんでした。日蓮は実長の厚意に深く感謝し、遺言ともいえる手紙に、「だれもが嫌う私を九年の長きにわたってよく受け入れてくださった。その信心、志に深く感謝する」と記しています。

イ：法華經　ロ：三障四魔

問 32

入滅《にゅうめつ》

「釈尊の正しい教えによって、人々を救いたい」。その一念に命を賭けてきた日蓮でしたが、六一歳のとき、門弟や檀越の読経に送られて旅立ちました。左記は、倉田百三の著作からの引用です。日蓮の教えと情熱は、その入滅後も門弟や信者たちによって脈々と受け継がれています。そのことについて生き生きと描かれている名場面です。

毎年十月十八（ママ）日の彼の［イ］には、私の住居にほど近き池上本門寺の御会式《おえしき》に、数十万の日蓮の信徒たちが万燈をかかげ、太鼓を打って方々から集まってくるのである。スピリットに憑《つ》かれたように、幾千の万燈は軒端を高々と大群衆に揺られて、後から後からと通りに続き、［ロ］をほめる歓呼の声は天地にとよもして、世にもさかんな光景を呈するのである。フランスのある有名な詩人がこの御会式の大群衆を見て絶賛した。それは見知らぬ大衆が法によっておのずと統一されて、秩序を失わず、霊の勝利と生気との気魄がみなぎりあふれているからである。

日蓮の張り切った精神と、高揚した宗教的熱情とは、その雰囲気をおのずと保って、六百五十年後の今日まで伝統しているのだ。

（倉田百三著「学生と先哲――予言僧日蓮」角川書店『青春をいかに生きるか』所収より）

「波木井の御影」

身延山久遠寺が所蔵する「波木井の御影」（水鏡の御影）は、京都の絵師・藤原親安が南部（波木井）実長の館で写した、弘安4年（1281）日蓮60歳の姿であるといわれています。日蓮は実長の館に滞在はしましたが、出立に際して別れを惜しんだ実長が描かせたといいます。

解説

【入滅】 建治三年（一二七七）ころから、日蓮は下痢に悩まされるようになり、その後、体調は一進一退を繰り返しました。度重なる法難に加えて、冬の厳しい寒さ、衣食に事欠く貧しい生活などによって日蓮の体は蝕まれていったようです。弘安五年（一二八二）、病状が悪化。療養のため常陸の湯へ向かう途中、武蔵国千束郷池上（現在の東京都大田区）にある檀越・池上宗仲の屋敷に立ち寄りましたが、それ以上の旅は続けられませんでした。九月末には門弟を集めて『立正安国論』の講義を行い、臨終が間近に迫ったことを覚り、六人の本弟子（詳しくは問33）を呼んで後事《こうじ》を託し、孫弟子の日像に京都の開教を頼みました。

そして一〇月一三日、午前八時、弟子と檀越が法華経を唱えるなか、波乱に満ちた六一歳の生涯を閉じました。そのとき、小さな地震が起こり、邸内の桜は季節外れの花を咲かせていたといわれています。「どこで死のうとも、墓は身延に建ててほしい」という遺言に従って遺骨は身延に運ばれ、翌年、祖廟に納められました。

【随身仏】 日蓮は入滅にあたり、「随身仏の釈迦如来立像を墓所のそばに安置するように」と言い残しました。随身仏とは肌身離さず持っている仏のこと。伊豆法難の際、日蓮が病から救った地頭の伊東八郎左衛門が差し出した、海中から拾った金色の釈尊像を日蓮はとくに大切にし、終生そばにおいていたといいます。

イ：命日　ロ：法華経

菩提心を発す

松野殿御返事にいわく……

魚の子は多けれども魚となるは少なく、菴羅樹の花は多くさけども菓になるは少なし。人も又此のごとし。菩提心を発す人は多けれども退せずして実の道に入る者は少なし。すべて凡夫の菩提心は多く悪縁にたぼらかされ、事にふれて移りやすき物なり。鎧を著たる兵者は多けれども、戦に恐れをなさざるは少なきがごとし。

身延山の日蓮のもとに駿河の松野六郎左衛門という入信早々の年配の男性から、供養の品々とともに法華経修行についての質問状が届きます。これに対して日蓮が懇切丁寧に信心のあり方を示したのが、この返書です。建治２年（1276）12月、日蓮55歳のときの書とされています。

内容から別名「十四誹謗抄（じゅうしひほうしょう）」ともいわれるこの手紙は、一言一句に松野六郎左衛門を何としてでも成仏せしめんとする日蓮の大慈大悲の赤誠が込められた、有難い書とされています。

魚の卵は数が多いが、そのまま成魚になるものは少なく、マンゴーは多くの花を咲かせるけれど、果実を実らせることは少ない。それと同様、菩提心を起こして悟りを得ようとする人は多いけれど、一歩も退くことなく初志貫徹して真実の仏道に入っていく者は少ない。なぜなら、大部分の人は邪悪なものに気を向け、事に触れて移ろいやすいからである。

それでは成仏できない。成仏を得るためには、身命をも惜しまぬ大道心をもって法華経修行を貫かなければならない。信心を貫くのは困難なことではあるだろうが、貫けば必ず成仏が遂げられる……と日蓮は説いたのでした。

3章

日蓮の後継者たち

問33

六老僧《ろくろうそう》

旅の途中の池上で死が迫りつつあるのを悟った日蓮は、最も信頼できる弟子六人を「本弟子」と定め、六人で教団を運営するように彼らに後事を託しました。六人の弟子たちは遺言に従い、百カ日法要を行った後、遺骨は身延山西谷《にしだに》の草庵そばに廟所を建てて納めました。

病床の日蓮は弘安《こうあん》五年（一二八二）［イ］月八日、武蔵野国《むさしのくに》池上邸《いけがみてい》で弟子たちが見守るなか、日興《にっこう》に遺言を書き取らせた。「定《さだむ》、本弟子六人の事……」で始まる文書では、日昭《にっしょう》、日朗《にちろう》、日興、日向《にこう》、日頂《にっちょう》、日持《にちじ》の六人を本弟子（根本《こんぽん》の弟子）と定め、彼らに教団の後事を託した。この六人が、のちにいう「［ロ］」である。

さらに日蓮は「遺骨は身延山《みのぶさん》に葬ること」「墓所のそばに随身仏《ずいしんぶつ》（生涯肌身離さず所持していた仏）としている［ハ］を安置すること」「註法華経《ちゅうほけきょう》（日蓮が註釈《ちゅうしゃく》を加えた『法華経』十巻）を墓所のそばに堂舎を建てて安置し、本弟子六人が交代で侍《はべ》り、それを読むこと」を命じた。

（山折哲雄監修『あなたの知らない日蓮と日蓮宗』洋泉社・歴史新書より）

初期門流図

日向	日向門流（身延門流、藻原《もばら》門流） 久遠寺、藻原寺《そうげんじ》（妙光寺）
日興	日興門流（富士門流） 大石寺、重須本門寺
日朗	日朗門流（比企谷《ひきがやつ》門流、池上門流） 妙本寺、池上本門寺、本土寺
日昭	日昭門流（浜門流） 鎌倉浜土の法華寺（妙法華寺）
富木常忍（日常）	日常門流（中山門流） 法華経寺（法華寺）、弘法寺

解説

【集団指導体制】 法統の継承は釈尊→迦葉《かしょう》、天台の智顗《ちぎ》→章安、最澄→義真《ぎしん》のように一子相伝の形をとるのが普通で、六人の高弟による集団指導体制は極めて異例です。しかも日昭が日蓮より一歳年長である以外はみな三〇代の若さでした。当初定めた身延山の日蓮の廟所を交替で守る「輪番守塔」も、それぞれ遠隔にある地元での布教活動や弟子の育成に忙しく、六老僧に次ぐ高弟である中老僧一二人をも組み入れたローテーションにしても追いつかず、三回忌のころには有名無実化してしまったようです。結果、富士周辺を本拠地としている日興が身延に常住して墓守をするようになりました。それからしばらくたった頃、六老僧の一人、日向が一緒に墓守をすると申し出、日興もよろこんで迎えました。

【門流の始まり】 日興は身延の開山に貢献してくれた壇越の波木井実長と信仰上の考え方の違いから対立するようになり、日向との関係も悪化します。信仰観の異なる者と一緒に墓守をするのは日興にとって許されざることであったのか、正応元年（一二八八）、日興は身延山を下り富士門流を興します。ここに教団の結束は破れ、日向、日朗、日昭からも門流が生まれます。これら初期の門流には、日蓮の生涯の外護者《げご》であった富木常忍《ときじょうにん》が出家して日常《にちじょう》を名乗り、下総国若宮《しもうさのくにわかみや》（千葉県市川市）に開山した法華寺に興る日常門流（中山門流）もあります。

イ：十　ロ：六老僧《ろくろうそう》　ハ：釈迦如来立像《しゃかにょらいりゅうぞう》

日昭《にっしょう》

【弟子一号】 承久三年（一二二一）下総生まれとされています。日蓮より一歳年上の日昭は一五歳で出家し、そのあと比叡山で天台教学を学び、天台宗の僧侶になります。ちょうどその頃日蓮も比叡山で学んでおり、二人の初めての出会いは比叡の山中でなされたのではないかといわれています。日昭が日蓮の弟子になったのは、日蓮が故郷の清澄山で立教開宗を高らかに宣言したあと鎌倉・松葉谷に居を構えていた建長五年（一二五三）のこと。日昭はそれまで天台宗の僧侶として活動していました。

しかし、日蓮の弟子になってからの日昭は、元亨三年（一三二三）にこの世を去るまで、鎌倉を拠点にして一心不乱に日蓮の教えを広めました。

【厚い信頼】 日昭は、日蓮から「道の途上で倒れるようなことがもしあるならば、あなたが私に代わって教団を指導してください」といわれるほどの厚い信頼を受けていた人物です。もちろんそれには年齢が近いということもあるでしょう。しかし、それだけではなく、日昭には信頼に足るだけの事跡があったということです。

たとえば日蓮の佐渡配流中も、鎌倉にとどまり、弾圧を強める鎌倉幕府に陳情を提出するなど毅然と対処する一方、熱心な布教活動を展開して教線の維持・発展に努めています。また、そのための拠点として浜土法華堂を開きました。

経王山　妙法華寺（静岡県三島市）

もともと日昭が庵を結んでいた鎌倉の浜土に、日昭によって法華寺が開創され、度々の移転を経て、現在の玉沢に移ったのは1600年代初めの頃です。そのころの大伽藍は1791年に焼失し、その後再建されて今日に至ります。

日朗《にちろう》

【師孝第一】　日朗は寛元三年（一二四五）、下総国能手郷の生まれ。幼名は吉祥麿といいます。吉祥麿が弟子となるべく日蓮のところにやってきたのは建長六年（一二五四）、一〇代であったと伝わっています。多くの弟子たちが天台宗を経て日蓮の門を叩いているなかにあって、最初から日蓮の弟子として仏道修行をスタートさせたのです。ある意味、最もピュアな日蓮の弟子であったといえるかもしれません。

その後、日朗の法名を賜った彼は、日蓮と苦楽を共にし、「師孝第一」と評されるほどよく師匠に尽くしました。日蓮が伊豆国伊東へ流罪になったときにも随行を願い出ますが、弟子が師匠の流罪地に同行するのは罷りならんと許されませんでした。龍口法難の際には自らが身代わりになることを申し出て土牢に押し込められ、釈放された後には佐渡に流された日蓮のもとへ何度も訪ね、赦免状を持ってはせ参じたのも日朗です。

【池上本門寺】　日朗はまた、教線の維持・拡大に人一倍貢献した人でもあります。日蓮より付託された鎌倉比企谷の妙本寺を拠点として布教と信徒の教化を図るなど、卓越した指導力を発揮しました。

日蓮入滅後に日朗が守塔輪番制を果たせなかったのは幕府が鎌倉を出ることを許さなかったためともいわれます。日朗は、日蓮終焉の地、池上本門寺を兼ね、妙本寺と両山一首制が成立していきます。

長栄山　池上本門寺（東京都大田区）

日朗を迎えた池上本門寺は安定した隆盛の道を歩み、徳川家をはじめ諸大名の外護を受けてきました。丘の上に広がる敷地に建立されている建築物の多くは1945年に一度戦火に焼かれています。

日興《にっこう》

【謹厳実直の弟子】　日興は寛元四年（一二四六）、甲斐国大井庄鰍沢《かじかさわ》で生まれ、幼少にして、当時まだ天台宗の寺院であった富士岩本の實相寺《じっそうじ》に、日蓮を訪ね、その威徳にうたれて入門の志を起こしました。入門時には、「汝はよくわが仏法を興すであろう」といって日蓮が日興の名を与えた、ともいわれています。日興は、日蓮に弟子入りすると人一倍修行に励むと同時に、よく師に仕えたと伝えられます。

　師の教えに忠実であろうとする日興は、日蓮の遺文の蒐集・保存に熱心で、それらは後世の日蓮研究に大いに貢献しました。

　反面、師の教えに謹厳実直であろうとするあまり、厳格すぎる一面を見せることもあったらしく、日蓮没後は日向を初めとする他の高弟との間に軋《きし》みを生じ、ついには日蓮が眠る身延を離れて富士を拠点にした独自の活動をするようになります。当時は、別宗派とまでは至らなかったのですが、その後の教団分裂の決定的要因となったのは間違いありません。

【その後の日興】　身延をはなれて富士に向った日興は正応三年（一二九〇）、南条時光から大石ケ原の寄進を受け、同地にのちの大石寺《たいせきじ》を創建。八年後の永仁六年（一二九八）には大石寺より東へ二キロほどの重須《おもす》の地に本門寺を建立。のちに談所、すなわち講義所となり、ここを中心に後進の育成に当たるなど、富士門流の基を築いていきました。

鰍沢（現・富士川町）

　日興が生まれた鰍沢は、日本三大急流のひとつに数えられる富士川沿いの地。江戸時代は舟運で栄えました。伝統を継承する鰍沢ばやしやお祭は今も盛んです。

日向《にこう》

【議論第一】　上総国藻原に武士の子として生まれた日向は、幼くして比叡山に学び、一三歳のときに帰郷していた日蓮に出会い、入門して出家します。

日蓮の弟子になってからの日向は、「日蓮門下の議論第一」と誰からも認められるほどの頭脳と弁舌を駆使して布教に走り回り、またたく間に頭角を現わします。また、常に師に付き従って、日蓮の佐渡配流に同行するなど辛苦を共にしたと伝えられます。赦免後は、斎藤兼綱の援助を受けて故郷の藻原に法華堂（のちの妙光寺、現・藻原寺）を建立し、ここを拠点に活発な布教活動を展開しました。

【久遠寺第二祖】　日蓮入滅に際しては本弟子に指名され、六老僧に名を連ねる栄誉に浴しますが、その一方で、身延山のあり方をめぐって日興と対立。檀越の波木井氏が日向を支持したこともあり、結果的に日興が身延を去り、日向が身延山と藻原を兼ねることになりました。このときはこれで一応の解決をみたものの、日興との関係修復はついにできずに終わりました。

日興のあとを受けて身延山を運営した日向ですが、初祖はあくまで日蓮であるとし、自らは第二祖（二世）と位置づけて系譜をつなぎました。身延山久遠寺は日向とその門流によって継承され、約二〇〇年の時を経た文明七年（一四七五）、第一一世日朝によって西谷から現在の地へと移転し、伽藍の整備が進められました。

常在山　藻原寺（千葉県茂原市）

日蓮が清澄で立教開宗した直後、領主斎藤兼綱に迎えられて初めて檀越と共にお題目を唱えた霊場と伝えられます。初唱から23年後に法華堂を建立、日蓮の命を受けた日向が赴き開堂しました。

日頂《にっちょう》

【富木家】 日頂は建長四年（一二五二）、駿河国重須に生まれました。幼くして、下総若宮の富木常忍の養子になります。いうまでもなく日蓮の有力な信徒である富木家で育ち、幼くして当時天台宗に属した真間弘法寺で出家。のち日蓮の門下となり、日頂と名づけられます。

日蓮の弟子になってからはよく師を補佐し、文永八年（一二七一）の龍口法難のときも、佐渡配流のときも日蓮のそば近くに仕えていたそうです。

建治三年（一二七七）、富木常忍が下総・真間（千葉県市川市）の弘法寺《ぐほうじ》を天台宗から法論により改宗させたことから、日頂が開基となり、以後、下総国の真間を拠点とした布教活動に邁進することになります。

【泣き銀杏】 日蓮の三回忌の時、他宗の僧を相手に法論（論争）していたため法要に間に合わなくなってしまうということがありました。これを知った厳格な富木常忍は激怒して日頂を勘当してしまいます。信仰熱心な富木は自宅をお寺にしていたのですが、そのお寺（今の中山法華経寺）の境内には銀杏の木があります。日頂はこの木の下で七日七晩泣きながら許しを請いましたが、富木は許しませんでした。これが由来となり、この銀杏の木は「日頂の泣き銀杏」と呼ばれるようになりました。勘当された日頂は弘法寺を去って故郷の重須に帰り、その地で没しました。

泣き銀杏

日頂は日常が死の床についた時にも駆けつけたが、日常はけじめをつけて会わなかったという話が伝わっています。泣き銀杏は現在も中山法華経寺の境内で健在。幹周 7.5 mという大木です。

日持《にちじ》

【海外布教】　若くして六老僧に列せられた日持は、駿河国蒲原（静岡県蒲原町）の天台寺院四十九院《しじゅうくいん》で天台教学を学んでおり、このとき指導したのは日興であったと考えられます。日蓮入滅後は生まれ故郷の松野（静岡県富士市）に戻り蓮永寺《れんえいじ》を開創します。

　永仁二年（一二九四）、日持は身延に詣でて宗祖に別れを告げ、布教の旅に出ます。最初は奥州へ、そこから蝦夷へ渡り、さらに大陸に至ったと伝えられますが、その消息は不明です。江戸時代や大正・昭和の初期にはさまざまな日持研究が飛び出しました。学術的な論議を呼んだのは、中国大陸を調査してまとめたという『蓮華阿闍梨日持上人大陸蹈破事蹟』という書物と、やはり大陸で入手したという日持の遺品でした。しかしいずれも信頼度が低く、日持の足跡を裏付けるには至りませんでした。

【日持伝説】　日持はほんとうに大陸へ渡ったのか、いや樺太で死んだ、いやいやエルサレムを目指したと、さながら義経伝説のようですが、よく知られている日持伝説の一つにホッケ伝説があります。樺太を目指す船上で、不漁を嘆く漁民のために日持が豊漁祈願を行うと、見たことのない魚の豊漁。法華の坊さんがお題目を唱えたら獲れた魚だからホッケと名づけられたというのです。いずれにしても、仏教を学びに大陸に渡った学僧は数しれませんが、仏教の海外布教を目指したのは、日持が最初だったのではないでしょうか。

松前　妙光山　法華寺（北海道松前町）

日持が経石を埋めたと伝えられる地にあった法華堂を、室町時代に京都から訪れた日寿が入寺し、松前に移築して北辺の日蓮宗の拠点となりました。「日持上人開教及び奥羽二州触頭　法華寺」として宗門史跡に指定されています。

問 34

日像《にちぞう》

宗祖日蓮入滅時の教団は、弟子と信徒を合せてもせいぜい数百人でした。日蓮の教えを全国に広めていくためには、政治・経済・文化の中心であり、天皇のおわす京都への布教が不可欠です。それを託されたのは、日蓮の入滅の時にまだ経一丸《きょういちまる》と呼ばれてお側に控えていた少年僧、日像でした。それから一一年後、京都へ入った日像は困難を乗り越えて大任を果たします。

鎌倉時代末期から南北朝時代にかけては、政権の京都への移動にともない、朝廷や武家に接近して日蓮聖人の教えのとおりに国を法華経信仰に統一させようとする国家諌暁《かんぎょう》を目指して各門流の京都への進出がなされた。それは聖人からその弘通《ぐづう》をゆだねられた日像《にちぞう》によって始められた。［ イ ］の九鳳の一人日像は、一二九四（永仁二）年、上洛し有力商工業者の帰依《きえ》をうけて教線をのばしていった。この間［ ロ ］にわたって京都を追放されたが、ついに京都四条櫛笥《くしげ》に妙顕寺を建立し、後醍醐《ごだいご》天皇より、一宗弘通の公許をうけ、妙顕寺は教団最初の勅願寺となった。

（日蓮宗新聞社編『日蓮聖人―その生涯と教え―』林是晋執筆「滅後の法灯」日蓮宗新聞社さだるま新書より）

龍華 具足山　妙顕寺

元亨元年（1321）日像により開山。日蓮宗大本山の一つ。天明８年（1788）の大火により伽藍の大半を消失。現在の建物の大半はそのときに再建されたものです。

解説

【帝都弘通《ていとぐづう》、宗義天奏《しゅうぎてんそう》】　七歳で出家した日像は、六老僧の一人である日朗の弟子となり、のちには日蓮に直接師事して修行に励みました。日蓮の入滅に臨んで、いまだ果たされなかった帝都開教を遺嘱されたといいます。

帝都弘通とは、京都で布教すること。宗義天奏は天皇への布教を意味します。関東に発し、歴史も浅い日蓮宗にとって、困難な二つの課題です。

【弾圧の中の布教】　いよいよ遺命を果たすために立ち上がったのは永仁元年（一二九三）のことです。日像は、北陸経由で上洛すると有力な商工業者を次々と信徒に加え、「京の町は法華題目の巷」と呼ばれるほど教線を拡大しました。しかし、いつの世でも出る杭は打たれるで、あまりの急伸ぶりに危機感をつのらせた延暦寺などの既成勢力が朝廷や幕府に働きかけたからたまりません。何と日像は徳治二年（一三〇七）の土佐配流を皮切りに、実に三度にわたる弾圧を受けたのです。

三度目のときはすぐに許されました。元亨元年（一三二一）には御溝《みかわみぞ》の傍の地に小庵を構え妙顕寺と称しました。建武元年（一三三四）には綸旨《りんじ》を得て勅願寺となります。以後日蓮の教えは妙顕寺を介する形で朝廷にも将軍家にも受け入れられ、公武社会における日蓮教団の地位を確立していきました。

イ：朗門　ロ：三度

問 35

日親《にっしん》

どんな拷問を受けても不死鳥のごとく蘇る。そんな鋼鉄のようにかたく強い信仰の持ち主が、日蓮の弟子たちにはことのほか多く見受けられます。その中にあって最も有名なのが日親ではないかといわれています。

日親は、禅宗の［イ］宗純《そうじゅん》（一三九四－一四八一）、浄土真宗《じょうどしんしゅう》の蓮如《れんにょ》（一四一五－九九）といった名僧と、時を同じくして活躍した。永享九年（一四三七）日親は三十一歳で中山門流を破門され、独自の伝道に歩み出す。（中略）［イ］が大徳寺の住持《じゅうじ》となった文明六年（一四七四）、蓮如は越前吉崎《よしざき》にあり加賀一向一揆《いっこういっき》が蜂起する。日親もまた京都［ロ］にあって、弟子に法門の伝授を行っていた。

（寺尾英智・北村行遠編『反骨の導師　日親・日奥』寺尾英智執筆「一　日親の魅力」吉川弘文館より）

叡昌山本法寺多宝塔

日親が開創した叡昌山本法寺は寛正元年（1460）幕府によって破壊されるなど何度か移転、再建を繰り返しました。天正 15 年（1587）に寺領 1000 石と本阿弥家の寄進を受けて建立した大伽藍も天明の大火で焼失する不運に遭いました。同じ地に再建されたのが現在の堂塔です。

解説

【将軍への直訴】　応永一四年（一四〇七）に上総国に生まれた日親は、下総国の中山法華経寺で出家しましたが、九州の僧や信徒を指導するために肥前松尾に赴きました。しかしあまりに厳格であったために、中山門流から去ることになります。

やがて上洛し、将軍足利義教に謁見できる機会を得た日親は、「世情不安が去らないのは、為政者たるあなたが邪教にとらわれているからです。いますぐわが開祖日蓮の教えに改宗し、法華経に則った政治を行わなければなりません」などと、他宗の排斥と日蓮宗への改宗をストレートに進言。以後の建言を禁止されてしまいます。

【鍋かむり日親】　でも、そんなことでくじけるような日親ではありません。今度は日蓮にならって『立正治国論』を著し、これをもって建議しようと計画します。この計画は途中で露顕し、義教は激怒します。日親は捕えられて、真っ赤に焼けた鉄鍋を頭にかぶせられました。それでも屈しないので、役人たちは二度と布教ができないようにと舌先を切り取ったと伝えられます。

このことによって後世、日親は「鍋かむり日親」と呼ばれるようになったという逸話を残しています。厳しい弾圧を乗り越えた日親を讃えてこのような呼びかたがされるようになったのです。

嘉吉元年（一四四一）に義教が家臣の赤松氏に暗殺され、やがて日親は赦免されて、活動を再開。長享二年（一四八八）に世を去りました。

イ：一休《いっきゅう》　ロ：本法寺

問 36

日朝《にっちょう》

「創業は易く守成は難し」というように、諸先輩方の残した事業を引き継ぐのは大変なことです。ましてや中興の祖と呼ばれるまでの実績を残すとなると至難の業といっていいでしょう。日朝はそれを実現した、日蓮宗の総本山・身延山久遠寺の中興の祖の一人といわれる人です。

日出の弟子日朝は、［イ］を西谷から現今の地に移転して伽藍《がらん》の整備に力を尽くし、弟子日意《にちい》に京都妙伝寺を開創させ、ここに日蓮聖人の遺骨を分祀して［ロ］と称し、京都における身延門流の拠点となし、鎌倉の本覚寺にも分骨して［ハ］とよんだ。日朝の著作は膨大で、室町期一致派の代表的な学匠として、京都の勝劣派の日隆と共に東西の双璧とされる。

（日蓮宗新聞社編『日蓮聖人―その生涯と教え―』林是晋執筆「滅後の法灯」日蓮宗新聞社さだるま新書より）

行学院 覚林房
　日朝によって開かれた身延山の塔頭寺院。日朝の眼病克服と卓越した学問にあやかり、眼病平癒や学問成就の祈願に訪れる人が絶えません。無窓国師作といわれる庭園も見どころ。

解説

【中興の祖】　日朝は応永二九年（一四二二）、伊豆宇佐美村に生まれました。永享元年（一四二九）、八歳で出家。寛正三年（一四六二）、わずか四一歳にして身延山第一一世の法灯を継承しました。それからの日朝は、身延の整備拡張を行って発展の基礎を築いたほか、日蓮の遺文を保管・管理し、その解説をした多くの著述を残しています。日朝は寺門経営および教育に尽力したのです。身延山中興の祖と讃えられるにふさわしい、まさに超人的な働きでした。

【眼病守護の霊験】　文明一四年（一四八二）、のころ日朝は目を患いました。しかし、このとき彼は「法華経を修行する者には必ず御加護がある。宗祖四度の大難も法華経を信じていたために御無事であられた。私が今祈ってこの眼病が直らなかったなら、私の行いが法華経に叶っていないのである。そのような身ならば死すとも弔ってはならない」と厳命するほどで、やがて眼病を克服したと伝えられます。

　日朝は自らの死に臨んで、「宗祖大聖人（日蓮）の大慈悲のおん涙によってわが眼病も平癒を得た。この功徳を末代の眼の病者へ頒《わか》ってあげたいものじゃ」という願を立てたとされます。このことから、日朝の眼病守護の霊験は、現在でも多くの人々の信仰を集めています。

イ：久遠寺　ロ：西身延（関西身延）　ハ：東身延

問 37

日奥《にちおう》

日蓮宗の僧や信徒ならばその教えを守って生きようとするのは当然です。でも、それができるのも今が信仰の自由が認められている時代だからであって、弾圧と迫害を覚悟しなければならないときもありました。そうした時代にあっても思想の基軸を微塵も動かさない人が日蓮の後継者には少なくありません。日奥もまた鋼《はがね》のごとく強い人でした。

（編集部注・千僧供養会《せんそうくようえ》に）出仕を拒否した日奥は、寺家に迷惑のおよぶのを心配して、翌二十五日に妙覚寺を退出した。ときに日奥三十一歳であり、師の［イ］から妙覚寺を継承してわずか四年目のことである。日奥はやがて丹波小泉（京都府亀岡市）の草庵に身を寄せ、ここで五年余を過ごすことになるのであるが、この間、一回だけの出仕という約束で千僧供養会に出仕した日蓮宗の僧侶たちは、その約束にもかかわらず、実際には出仕御免を上奏できぬまま、その後も出仕をつづけていた。日奥は、出仕した僧侶たちの行為を［ロ］であると激しく糾弾し、『法華宗諌状《ほっけしゅうかんじょう》』『守護正義論《しゅごしょうぎろん》』などを著して、不受不施義こそ日蓮の正義を守るものであることを説きつづけるのである。

（寺尾英智・北村行遠編『反骨の導師　日親・日奥』北村行遠執筆「三　日奥の生涯」吉川弘文館より）

寺尾英智・北村行遠編『反骨の導師　日親・日奥』（吉川弘文館）

日蓮の教えに忠実たらんとして、権力に抗い続けた生涯を送った日親と日奥の生涯を追いながら、その信仰の原点、人としての魅力を解き明かしています。

解説

【不受不施《ふじゅふせ》】 日本では古来、多くの僧を集めて「千僧供養会」を行えば本人の功徳になるばかりか、格段の先祖供養にもなるとされてきました。戦国時代、その「千僧供養会」をやりたいといいだしたのは豊臣秀吉です。

秀吉は、方広寺大仏開眼のための「千僧供養会」を開くと決め、各宗派に僧侶の出席を命じます。しかし、日蓮宗には、日蓮宗の信徒以外から布施を受けない、日蓮宗の信者以外に布施をしないという「不受不施」の教えがあり、宗派合同の供養会に参加するわけにはいきません。でも、天下人の秀吉ではいかにも相手が悪い。日蓮宗でも結局、今回限りの特例として参加するということで大勢が決しました。ところが、最後まで異を唱える僧がいました。京都妙覚寺の二一世日奥です。

不受不施の教えを頑なに守る日奥は参加を拒否しただけでなく、秀吉と後陽成天皇に奏状を奉り、法華経で国を治めるよう命懸けの提言をしています。その後徳川家康の供養会への参加を拒み、慶長五年（一六〇〇）より一三年にも及ぶ対馬流罪に処されました。

こうしたなか、日奥は不受不施派の信念に基づき、受不施派と対立していきます。寛永七年（一六三〇）には、江戸城中で対論が行なわれ、その結果として、幕府はきびしい弾圧をもって臨むことになります。

イ：日典　ロ：謗法

問38

安土宗論《あづちしゅうろん》の真相《しんそう》

安土宗論とは天正七年（一五七九）五月、織田信長の命により、安土城下の浄厳院で行われた浄土宗と日蓮宗の宗教論争です。この宗論の結果は、浄土宗側の勝ちとされ、日蓮宗側は処罰者を出したばかりか、今後一切他宗への法論は行わないことを誓わされるなど、大打撃を受けました。左の文に出てくる貞安は浄土宗の長老です。

法華「念仏を唱える時には法華経を捨てよと言う経文があるか」

貞安「法華経を捨てよという経文はある。浄土経には、人それぞれに適切な方便《ほうべん》をもって法を説けば、それぞれの悟りに到達させることができる、と書かれている。また専ら［イ］を一心に念じよ、とも書かれている」

法華「無量義経では、方便をもって四十余年も法を説いたが、衆生《すじょう》はいまだに［ロ］を得ることができない、と言っている」

貞安「四十余年、法を説いても得道させることができなかったから以前の経典は捨てよというのならば、方座《（ママ）》第四でいう妙《みょう》の一字は捨てるのか、捨てないのか」

法華「四十余年の四妙のなかのどの妙のことか」

貞安「法華経の妙だ。あなたは知らないのか」

（太田牛一著・中川太古訳『現代語訳　信長公記』株式会社KADOKAWAより）

太田牛一著・中川太古訳『現代語訳　信長公記』
株式会社 KADOKAWA

信長旧臣の祐筆太田牛一の手によって、信長が上洛した永禄 11 年（1568）から本能寺の変（天正 10 年・1582）までの 15 年の出来事が日記風にまとめられたもの。信長の側近が書きしるした日記であり信憑性が高いといわれています。「安土宗論」については、天正７年の箇所に「五月中旬の事にて候」という書き出しで記されています。

解説

【宗論の経緯】 安土の城下で霊誉《れいよ》玉念《ぎょくねん》という浄土宗の僧侶が説法をしていたところへ、日蓮宗徒の大脇伝介と建部紹智が論争を挑みます。これに対して玉念がもっと大物となら相手になると挑発します。二人は京都から高僧を呼び、「宗論をせよ」と迫ります。

かくして宗論の実現に向けて事態が動きだすのですが、この話を聞きつけた織田信長が介入してきたことから以後、信長主催の宗論として話が進行。最終的に五月二七日に信長が派遣する審判団の下、安土城下の浄厳院で宗論が執り行われることに。ちなみに浄厳院は信長が安土城築城とともに創建した浄土宗の大寺であり、その浄厳院を会場にすれば当然、日蓮宗側はアウェーになるわけです。しかもギャラリーは浄土宗の信者に限られ、日蓮宗関係者の入場は一人たりとも許さなかったそうですから、フェアな宗論など望むべくもありませんでした。

【宗論の結末】 宗論自体、実に奇怪なものでした。序盤こそ双方互角でしたが、浄土宗側が意味不明な「妙」に関する問いを発したところで様相が一変。あっというまに日蓮宗側は窮地に陥ります。問いの意味を計りかねた日蓮宗側がしばし沈黙すると、「そんなことも知らないのか」とばかりに審判団や聴衆が叫ぶと、日蓮宗の高僧たちの袈裟を奪い始めたのです。かくして、身の危険を感じる高僧たちを尻目に、浄土宗の勝利が宣告されたのでした。

イ：阿弥陀仏　ロ：道

問 39

門流《もんりゅう》の起《お》こり

日蓮の教団は、鎌倉幕府や既成教団からどんなに弾圧されようが迫害されようが、微動だにしませんでした。しかし、日蓮が入滅すると求心力を失います。すなわち、六老僧が相次いで独自の門流（宗派）を立ち上げ、そこからさらに新たな門流が生まれます。その原因は、日蓮の教えに忠実たらんとするあまりだったり、法華経の解釈の相違だったりでした。

日興の純信一徹、妥協を許さない剛直な性格は、やがて日蓮没後、他の弟子たちとの間に対立を生ずることになる。すなわち、身延山では日蓮の没後に［イ］が設けられ、この［イ］を守り、香花をたやさず護持していく制度である守塔輪番制《しゅとうりんばんせい》が定められた。しかし、一二八四（弘安七）年ころには、六老僧および主な弟子たちは各地に散在して［ロ］しており、とりわけ鎌倉の日昭・日朗は蒙古調伏《もうこちょうぶく》の祈祷を命ずる幕府と対立し、身延に登ることができなくなった。（中略）そこで駿河にいた日興はこの地の［ロ］を弟子にゆだね、身延の地頭で、大施主である南部実長《なんぶさねなが》と相談し、その了承をえて自身が身延山に常住し、守塔の任に当たることになった。（中略）そのころ、同じく六老僧の一人である日向が身延に来て学頭《がくとう》になった。日向は温和で寛容な性格の人であったようで、弘通方法をめぐって日興との対立が深まっていった。

（小松邦彰・花野充道責任編集『シリーズ日蓮3 日蓮教団の成立と展開』冠賢一執筆「日蓮教団の展開」春秋社より）

日蓮聖人祖廟塔

身延山久遠寺にある日蓮の御墓は、祖廟あるいは御廟といいます。写真は拝殿の奥に建てられた祖廟塔（御廟塔）。この塔の内に、創建当初の、御舎利を安んじた五輪塔があります。五輪塔に刻まれた「妙法蓮華経」の五字は日昭あるいは日向の筆と伝えられます。

解説

【日興の身延離山】　日興の身延離山と、それに続く正応三年（一二九〇）の大石寺開山は、宗門にとって最初の分裂でした。大石寺を引き継いだ日目が世を去ると富士門流には内部抗争が勃発します。その後も紆余曲折を経て、明治時代にいったんは大同団結しますが、明治三三年（一九〇〇）、大石寺派は独立して日蓮宗富士派を称し、さらに明治四五年（一九一二）ないし大正二年（一九一三）のころに「日蓮正宗」へと改称します。

【中世・近世の日蓮宗】　日蓮入滅のときは少年だった日像が京都で布教に務めました。しかし教団が急に拡大したので、織田信長の弾圧を受けたのは安土宗論に見る通りです。

豊臣秀吉の時代になると、千僧供養会に応ずるか応じないかで起こったのが、不受不施派と受不施派の対立でした。さらに法華経の本門が迹門に優先するとする勝劣派と、本門と迹門は一つであるとする一致派にしばしば論争が起こりますが、それが顕在化したのは、明治政府の仏教抑圧が引き金でした。

このように日蓮宗における門流の発生は、日蓮の教えと法華経解釈の激しい論争によるものですが、政治権力の宗教弾圧政策に翻弄された面も大きかったのです。

現在は各門流での話し合いや協調も進んでおり、日蓮聖人門下連合会が形成されるに至っています。

イ：廟所　ロ：弘通

問 40

檀林《だんりん》

日蓮は各地の寺を訪ねて学びましたが、時代が下がると各教団が僧侶の人材育成機関として檀林を備えます。檀林が普及したのは江戸時代に入ってからですが、『身延山史』には次のような記述が見えます。なお弘治二年（一五五六）は織田信長の台頭間近の頃です。

> 師諱は日鏡始め日現と云ふ。字は印英、善学院と号す。永正六年を以て山梨郡に生る。其姓氏を詳にせず。年若くして延山第十二世日意上人の室に投ず。才識怜敏の名夙に一会を蓋ひ、天性信地確乎として堅固なり。天正十三年一之瀬妙了寺第八世より入って第十四代の法灯を相承す。朝・意・伝三師の後を克くし、在職十三年、弘治二年西谷善学院に閑居すること三年、又能く［イ］を集めて講談す。蓋し［ロ］の発祥これなり。

（身延山久遠寺編纂『身延山史』身延山久遠寺より）

日蓮宗一致派の主な壇林

関東の檀林――飯高檀林、中村檀林、小西檀林、西谷檀林、玉造檀林、三昧堂檀林、南谷檀林、松崎檀林、野呂檀林

関西の檀林――松ケ崎檀林、求法院檀林、鷹ヶ峰檀林、山科檀林、東山檀林、鶏冠井《かいで》檀林

飯高檀林跡

千葉県匝瑳（そうさ）市飯高に残る飯高寺（はんこうじ）。うっそうとした杉林のなかに総門、鼓楼、鐘楼、講堂（重要文化財）が今も残っています。

解説

【学びの寺】 檀林とは「栴檀林《せんだんりん》」のことです。「栴檀は双葉より芳《かんば》し」の栴檀です。所化すなわち修行中の僧侶の集まりを栴檀の林にたとえて栴檀林と呼んだもので、「学びの寺」「学問をする寺」の意味です。

幕藩体制の強化と宗教勢力の削減を推進しようと江戸幕府は、民衆を特定の寺に所属させる檀家制度を確立すると同時に、「新寺建立禁止の令」や「寺院諸法度」などを定めました。布教力を削がれた各教団は、興学の気風を大切にする方向に向かい、檀林を創設して僧侶の教育、育成に本格的に取り組みます。徳川家の菩提寺を務めていた浄土宗は関東一八檀林を誇りました。

日蓮宗の檀林には諸門流から学徒が集まり、門流という縦割りの枠組みを超えて論を戦わせました。

【飯高檀林】 天正八年（一五八〇）に檀林の前身であった光福寺の学室が移され創立された、日蓮宗の最初の組織的な大檀林です。下総国飯高（現千葉県匝瑳市）に開かれ、最盛期には六〇〇人から八〇〇人もの僧が学んでいました。明治五年（一八七二）の「学制」発布により同七年に廃檀となり、二九四年の歴史を閉じて、日蓮宗大学林にその役割を譲ります。さらにその後、日蓮宗大学林は日蓮宗大学と改称され、現在の立正大学へと発展を遂げました。立正大学の淵源は、四〇〇年以上の昔にあったわけです。

イ：所化　ロ：西谷檀林

問41

明治時代《めいじじだい》の日蓮宗《にちれんしゅう》

明治維新によって徳川幕府という大きな保護者を失い、日本仏教界は好むと好まざるとにかかわらず、自らの教団の改革と整備に取り組まざるを得なくなりました。わけても宗派、分派が非常に多い日蓮系諸派にとって教団組織の近代化は焦眉の急。この難局をどのようにして乗り越えたのでしょうか。

政府は廃仏毀釈におどろいた。それは明らかに秩序の破壊であり、地方によっては仏教を信ずることの厚い民衆の反政府暴動をおこす危険があり（じっさい越後や三河では暴動がおこる）、また地方によっては、隠岐島のように土地革命闘争に発展する可能性がある。そのいずれも政府のもっとも警戒するところであった。よって政府は元年六月以来、しばしば神仏分離令は［イ］の趣旨ではない、僧侶の還俗を強制してはならないとの訓告を発した。それでも民衆の反寺院闘争は数年間はやまなかった。政府は［ロ］の衰微がキリスト教の興隆をまねく条件となりはしないかと恐れ、明治四年七月、廃藩置県の後には仏教を積極的に［ハ］した。

（井上清著『日本の歴史　20　明治維新』中央公論社より）

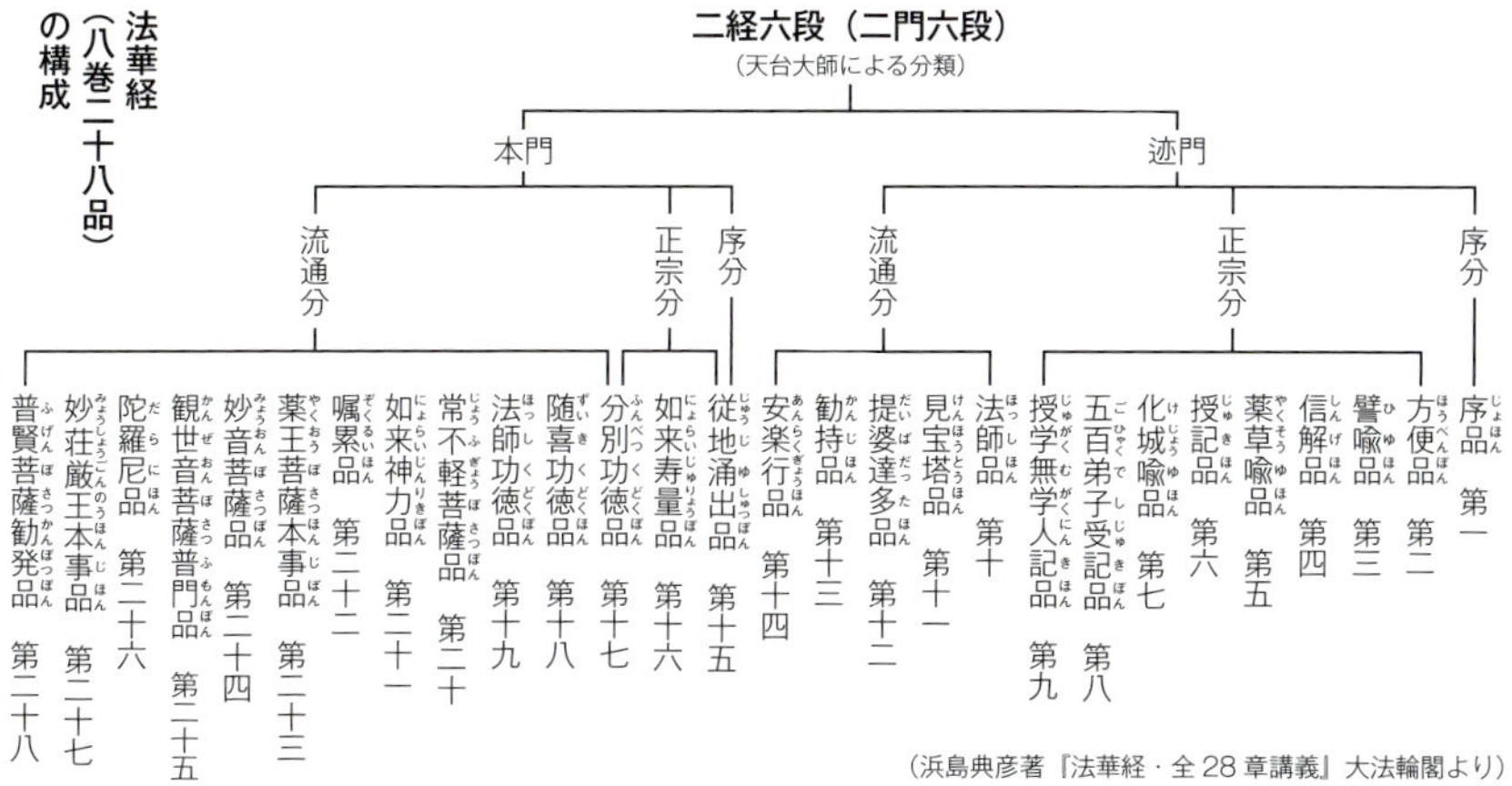

（浜島典彦著『法華経・全28章講義』大法輪閣より）

解説

【日蓮宗創立】　仏教教団にとって非常に難儀な出来事が起きたのは、明治五年（一八七二）のことでした。この年の一〇月、明治政府は仏教各派を日蓮宗、天台宗、浄土宗、浄土真宗、真言宗、禅宗、時宗の七宗のいずれかに強制的に属させ、一宗一管長制、つまり各宗派ごとに管長を一名置き、宗務を管理統括する制度の制定を通達したのです。やむなく日蓮系の各派はそれまでの分立状態を解消し、「日蓮宗」の総称の下に合同しました。

　ところが、教義が違うもの同士を一宗一管長制で一緒にさせようという発想自体がもともと無理な話で、早くも明治七年（一八七四）の頃には「日蓮宗一致派」と「日蓮宗勝劣派」という二分流になっていきます。

　二八品《ぼん》（章）から成る法華経を前半の一四品《ほん》（迹門《しゃくもん》）と後半の一四品（本門《ほんもん》）に分け、迹門と本門は立場の異なる人に対して説かれたもので、そのかぎりで優劣がある（本門が優れていて、迹門が劣っている）とする派を勝劣派。違いは認めるものの理は一致しており、勝劣はないとする派を一致派とそれぞれ呼びます。

　一致勝劣は古来よりあるものですが、新居日薩を初代管長として再組織化した一致派は、粘り強い交渉の末、明治九年（一八七六）、単称「日蓮宗」への変更の容認を政府から勝ち取ります。これが今日の日蓮宗の源流をなすものです。

　一方勝劣派は、興門派・妙満寺派・本成寺派、本隆寺派・八品派などに分立していきます。

イ：廃仏　ロ：仏教　ハ：保護

問 42

新居日薩《あらいにっさつ》

明治の初年、日本仏教界に激震が走りました。新国家建設を目論む新政府が神仏分離の政策を打ち出したのです。仏教教団は連帯してこの空前絶後の危機的状況を打開することになり、このとき日蓮系教団の結束を図り、代表して大活躍したのが新居日薩です。

（編集部注・日蓮宗一致派の初代管長に）就任早々、和上（編集部注・日薩）は長老である千葉県中山法華経寺《なかやまほけきょうじ》住職の河田日印《にちいん》上人を訪ねた。（中略）

「政府は、［ イ ］を決めろ、といっております。決しなければ存亡の危機に瀕することになります」

「どんな名称ですか？」「はい、日蓮宗という名はいかがでしょうか」

「うーむ、宗祖の名をとるということですか。宗祖は一宗一派にこだわらなかった方ですが、それはどう解釈なされるのですか？」

「『四条金吾女房御書《しじょうきんごにょうぼうごしょ》』にありますように、宗祖は［ ロ ］からその名をとられました。『日蓮』という名は、［ ロ ］を象徴する語であり、法華経宗と同じと、私は考えております」

（浜島典彦著『お題目と歩く　近世、近現代法華信仰者群像』日蓮宗新聞社より）

「新居日薩上人肖像画」

新居日薩は天保元年（1830）群馬県桐生の生まれ。生家は法華信仰に厚く、9歳で得度し、11歳から19歳まで飯高檀林に学んだ後、金沢の「充治園（じゅうごうえん）」に入塾。優陀院日輝（うだないんにちき）の薫陶を受けました。激動の時代のリーダーは59歳で生涯を終えます。

解説

【日蓮宗創立】 維新政府が発した神仏判然（分離）令が発せられると、寺院の特権に対する一般大衆の反発に火がつき、廃仏毀釈の嵐が吹き荒れ、実に半分以上の寺院が壊されたといいます。この未曾有の危機に際して浄土宗、西本願寺、東本願寺、臨済宗、曹洞宗、真言宗、天台宗そして日蓮宗が加わって組織されたのが「諸宗同盟会」という団体であり、日蓮系教団を代表して参加し、頭角を現わすことになるのが身延山久遠寺七三世新居日薩です。

このとき日薩の頭の中にあったのは、いかに各門流を大同団結させるか、でした。それまでの日蓮系教団は経典の一字一句の解釈にこだわるあまり、四分五裂の歴史を積み重ねてきました。けれど、今必要なのは小異を捨てて大同に就くことであり、それを避けているかぎり日蓮系教団の未来はない。そう確信した日薩は明治九年（一八七六）、紆余曲折を経ながらも彼と考えを一にする門流を束ねて「日蓮宗」を創立。初代管長に就任しました。

【教団の近代化】 日薩は人材の育成にも力を注ぎました。国家に有為な人材を育成することが大衆の仏教を見る目を変えさせる近道と考えたからです。学制が発布されたのを機に檀林を廃止し、新たに日蓮宗宗教院（立正大学の前身）を設置。自ら教壇に立ち、仏教教育の礎を築きました。むろん批判はありましたが、日薩は粛々と教団の近代化に取り組み、強固な基盤を創り上げたのでした。

イ：宗名　ロ：法華経

懺悔滅罪

光日房御書にいわく……

それ、針は水にしずむ。雨は空にとどまらず。蟻子を殺せる者は地獄に入り、死にかばね（屍）を切れる者は悪道をまぬがれず。いかにいわんや、人身をうけたる者をころせる人をや。但し大石も海にうかぶ、船の力なり。大火もきゆる事、水の用にあらずや。小罪なれども、懺悔せざれば悪道をまぬがれず。大逆なれども、懺悔すれば罪きえぬ。

安房の天津に住む尼・光日房から息子の死を告げる手紙が届きました。そこには「武士の身であった息子は、ある事件に遭遇し、その時人を殺し、自らも横死した。武士の宿命とはいえ、人を殺しているので、来世どのような所に生まれてくるのか心配だ」と書かれてありました。

これに対して日蓮は、母の心痛を思いやって弔意を述べてから、「仏説によれば、人はいかなる生き物を殺しても地獄に堕ちる、たとえ小さな蟻を殺しても地獄行きは免れない」と断言します。

けれども殺生＝地獄行きを強調するのが日蓮の本意ではありません。なぜなら一方で、「顕謗法鈔」の中で「禁戒を厳格に守る律宗の僧ですらも、生涯にわたって全く殺生をしないことはほとんど不可能である」と述べ、人はみな地獄に落ちる罪を犯しているといいます。

日蓮は説きます。船の力を借りれば、大きな石も海に浮かぶことができる。また、水の力を借りれば、大火も消えるものである。小さな罪であっても悔い改めなければ必ず悪道に堕ちるが、大きな罪を犯した人であっても、悔い改めればその罪は消える。ましてや自ら法華経を信じ、母にも勧めた子息であれば、いかなる罪も消えないわけがない、と。

4章

日蓮聖人門下連合会

問 43

日蓮宗《にちれんしゅう》

身延山久遠寺を総本山とする、日蓮系諸宗派の中の最大宗派です。鎌倉時代中期以降に成立した門流と思想的潮流の多くを包んでいます。池上本門寺（東京）、誕生寺（千葉）、清澄寺（千葉）、法華経寺（千葉）、北山本門寺（静岡）、妙顕寺（京都）、本圀寺（京都）などの本山があります。

日蓮宗は法華経の［ イ ］・日蓮聖人を宗祖と仰ぎ、日蓮聖人によって信解体得された法華経の信仰と教えを唯一絶対のよりどころとする教団である。

日蓮宗の究極的な目標は、法華経ならびに仏教全体の肝要である法華経の題目、すなわち南無妙法蓮華経と唱えて、法華経に帰依し、その信仰をひろめることによって現世を［ ロ ］に浄め、生きとし生ける者を仏と等しくさせて、社会の平和と人間の幸福を実現することにある。

日蓮宗は開創以来今日に至るまで、多くの僧侶、檀信徒たちによって法華経信仰と日蓮聖人の教えを各地で伝道してきている。

（日蓮聖人門下連合会編『日蓮聖人門下連合会五十年の歩み』日蓮聖人門下連合会より）

久遠寺の本堂の御宝前

日蓮宗総本山久遠寺の本堂には中央にご本尊、その前に法華経を手にする日蓮像、両脇に諸仏が祀られています。

解説

【身延中興の祖・日朝】 身延の中興の祖といわれる日朝は、文明七年（一四七五）に堂宇を身延山内の西谷から現在地に移転して伽藍の整備を行い、弟子とともに教学・法式・諸制度の整備に努めました。その後身延山は、武田氏や徳川家の崇拝、外護《げご》を受けて栄え、宝永三年（一七〇六）には皇室勅願所ともなっています。

【新居《あらい》日薩《にっさつ》の近代化】 明治政府の急激な政治・社会変革は、宗教政策にも及び、仏教界は混乱を極めました。浄土真宗をはじめ各宗が合議の場を持つなかで、日蓮宗からは新居日薩らが出て、この危機を乗り越え、新時代に対応した教団形成を試み、近代化を進めました。明治九年（一八七六）、「日蓮宗」と称することが認められました。身延山久遠寺を総本山とし、池上本門寺、京都本圀寺、京都妙顕寺、中山法華寺などの本山をもつ教団の統合を成し遂げました。さらに昭和一六年（一九四一）、日蓮宗・本門宗・顕本法華宗が合同して、新たに「日蓮宗」という一宗派を設立しました。これを三派合同といいます。

【五千を超える寺院】 現在、日蓮宗は約五千の寺院を有しています。総本山身延山久遠寺は、祖山として、祖廟《そびょう》格護の霊山として尊崇護持されています。大本山や本山などの霊跡寺院・由緒寺院は五十か寺ほどあります。いずれも日蓮聖人の重要な遺跡や宗門史に残る沿革を持つ寺院です。

イ：行者　ロ：仏の国土

問44

法華宗本門流《ほっけしゅうほんもんりゅう》

法華宗本門流は、四大本山を中心として全国に約四〇〇の寺院教会、千余名の僧侶を有する教団です。総本山制はとらず、歴史や伝統の異なる四つの大本山が、日蓮が伝えたお題目「本門八品上行所伝《ほんもんはっぽんじょうぎょうしょでん》の南無妙法蓮華経」を唱えることで宗門を形成しています。

四大本山とは、創立年代順に、日春・日法両聖人の開基による沼津・光長寺、日弁聖人の開基による茂原・鷲山寺、法華宗再興の唱導師と称される門祖［　イ　］聖人によって開かれた京都・本能寺と尼崎・本興寺である。そして、それぞれの本山とその末寺が一体となって法華宗（本門流）という教団をつくっており、さらに教団の事務を東京にある宗務院が執行している。法華宗の特徴は他の宗団と違って、一宗一山制や総本山制というものがないことである。伝統の異なる四つの本山が唯「法」によって、すなわち宗祖大聖人の本義たる「［　ロ　］上行所伝本因下種の南無妙法蓮華経」を口唱信行することだけによって、宗門を形成しているのである。

（日蓮聖人門下連合会編『日蓮聖人門下連合会五十年の歩み』日蓮聖人門下連合会より）

本能寺

四大本山の一つ本能寺は京都市中京区寺町通御池にあります。織田信長が明智光秀に襲われた場所は、堀川四条に跡地として碑が建っています。

解説

【光長寺《こうちょうじ》】 静岡県沼津の光長寺は建治二年（一二七六）に日蓮が開き、日春と日法の二人の弟子が協力して建立した、宗祖直伝の大本山です。

【鷲山寺《じゅせんじ》】 日蓮は「小松原法難」の後、鎌倉への帰途、茂原の領主、小早川内記と約束をかわします。その後日弁に「師檀の盟約なれば彼の処に一寺を建立すべし」と命じ、千葉県茂原に鷲山寺が建立されました。

【本能寺】 京都の本能寺は、日隆によって応永二二年（一四一五）に創立。その後妙顕寺月明によって破却されましたが、永享五年（一四三三）に、檀那・如意王丸の寄進により六角大宮に堂宇を再建して名を「本応寺」から「本能寺」へと改めます。その後延暦寺・僧兵による「天文の法乱」、織田信長逗留中の「本能寺の変」の二度の火災を経て、現在の地へ復興しました。

【本興寺】 兵庫県尼崎の本興寺は、日隆が応永二七年（一四二〇）に創建。日隆は本能寺を布教の中心、本興寺を学問修行の中心の道場と定めました。境内には「勧学院」が創設され、現在は「興隆学林専門学校」と名を改め多くの僧侶希望者が修行と学問に励んでいます。寺には日隆が日蓮の教えを正しく伝えるために著した三千余帖（三百余巻）の「御聖教《おしょうぎょう》」が格護されています。

イ：日隆　ロ：本門八品

問 45

顕本法華宗《けんぽんほっけしゅう》

顕本法華宗は、日蓮滅後百年頃に日什《にちじゅう》が開いた宗派です。『法華経』と日蓮の遺した『御書』を教えの拠り所とし、開祖日什が示した「経巻相承・直授日蓮（法華経・御書から直接教えを乞う）」の理念を受け継いでいます。総本山は京都の妙塔山妙満寺です。

仏縁の薫発するところ、［イ］の『開目抄』及び『如説修行鈔』を拝読、永年の疑問一時に氷解し、六十七歳という高齢にもかかわらず、名を日什と改められ、日蓮聖人の門下に帰入されたが、感ずるところあって、「経巻相承・直授日蓮」と称された。それは門下のどこにも従わず、仏祖及び宗祖の御意志に沿って法華弘通の大願に邁進することである。

宗祖の生涯の悲願は帝都弘通にあることを想い、六十八歳の老軀をさげて再三都に上り、時の帝・後円融天皇に上奏、二位僧都の位と「洛中弘経の論旨」を賜わり、康応元年（一三八九）京都室町坊門に草庵を造り、「［ロ］」を建立し根本道場とした。

（日蓮聖人門下連合会編『日蓮聖人門下連合会五十年の歩み』日蓮聖人門下連合会より）

紀州道成寺霊鐘「安珍清姫の鐘」

正平 14 年（1359）、紀州道成寺に釣鐘が再鋳されますが、鐘の供養の席に現れた白拍子が呪力で鐘を落下させ、蛇身に変わり日高川へと姿を消しました。清姫のたたりと畏れられた鐘は裏の竹薮に埋められましたが、後にこれを掘り起こし、縁あって顕本法華宗総本山の妙満寺に納められました。時の貫首・日殷大僧正の法華経読誦（どくじゅ）の功力をもって宿年の怨念が解かれ、妙音美しい霊鐘となったとされています。

解説

【開祖・日什】 顕本法華宗の開祖・日什は鎌倉時代後期の正和三年（一三一四）奥州会津の生まれ。一九歳で比叡山に登り、玄妙と称し天台教学を学びました。勉学の成果はひときわ抜きん出て、三八歳のとき三千人の学僧の学頭となり指導にあたります。五八歳のとき故郷の会津に帰り羽黒山東光寺の住職となり、ここでも多くの門弟たちを育てました。しかし、六六歳になったあるとき、日蓮の御書『開目抄』『如説修行鈔』に感銘を受け、「これこそ私の求めていた、正しいみ仏の教えである」と確信し、日蓮門下となることを決意し、名も日什と改めました。下総真間の弘法寺を訪ねて改宗のことを伝え、ついで中山の法華経寺にこもって日蓮の御書を拝し、不《ふ》惜身命《しゃくしんみょう》の布教を誓いました。日什はその後、「経巻相承・直授法水」を掲げて独立一派を立て、康応元年（一三八九）に上洛して京都室町六条坊門の草庵を「妙塔山妙満寺」の号を立てて根本道場とし、ここを京都弘通の拠点として公武に対して布教を続けました。

【弘通の継承】 折伏の精神を継承した日什の門下には、日仁、日運、上総七里法華の日泰、また安土宗論の日淵、慶長宗論の日経などがいます。明治期に入り、「日蓮宗妙満寺派」を改め「顕本法華宗」と公称。昭和の初めには日蓮宗、本門宗と合同して日蓮宗と称しましたが、戦後は分離し、再び妙満寺を総本山とした顕本法華宗として現在に至っています。

イ：日蓮聖人　ロ：妙塔山妙満寺

問46

法華宗陣門流《ほっけしゅうじんもんりゅう》

法華宗陣門流は、日蓮を宗祖とし、日陣を中興の祖とする宗門です。日蓮から日朗、日印、日陣と続く法脈で、法華経の題目「南無妙法蓮華経」を唱えることを正行《しょうぎょう》とし、教義は久遠実成の釈尊を本仏とし、法華経本門を重視する勝劣派であります。総本山は新潟県三条市の本成寺《ほんじょうじ》です。

本宗の総本山本成寺は、今から約七百年前、永仁五年（一二九七）［イ］聖人によって創建された。［イ］聖人は、故国越後に宗祖の教えを弘めようと三十四歳の時、この地に至り、奇瑞を得、聖地に庵室をつくり布教の礎となされた。今もこの聖地は牛池と呼ばれ、霊跡とされている。当時の領主山吉定明は、［イ］聖人の高徳を慕い伽藍を建立し寄進した。これが本成寺である。（中略）

門祖［ロ］聖人は、三十一歳で本成寺の法灯を継承したが、本迹論争を基に京都本国寺と決別することとなり、帝都布教の本拠地として光了山本禅寺を建立された。［ロ］聖人が獅子吼された本勝迹劣の法門、また、教学の純化を追求する研鑽態度は、以後、本宗最重要のあり方とされ、今日の本宗教学の礎となっているのである。

（日蓮聖人門下連合会編『日蓮聖人門下連合会五十年の歩み』日蓮聖人門下連合会より）

本成寺と石川雲蝶

総本山本成寺と幕末の彫刻師・石川雲蝶（1814 ～ 1883）の縁は、三条の金物商・内山又蔵が、江戸で名声を得ていた雲蝶に本成寺の彫刻を依頼したのが始まりです。三条に招かれた雲蝶は本堂欄間や納骨堂、塔頭寺院の彫刻に腕をふるいました。火災を免れて現存する本照院の門にある「飛竜」や、要住院の「寝牛」（写真・左）、静明院の「亀」（写真・右）などで、宝物として受け継がれています。明治 16 年（1883）に世を去った雲蝶は、同寺本堂脇の墓所に眠っています。（写真提供：三条雲蝶会）

解説

【本成寺と日印】 日朗の高弟・日印は越後寺泊の生まれです。三十四歳のとき、縁ある地に道場を建立しようと白牛に経巻を載せ、鎌倉をあとに越後路に入りました。越後の三条にさしかかると、白牛がひざを折って動かなくなり、周囲に清水が湧き出し、やがて青蓮華が咲き始めました。この奇しき瑞兆にこたえて、日印は領主山吉親子の協力を得て青蓮華庵を建立、「根本道場」と定めました。永仁五年（一二九七）、現在の法華宗陣門流総本山本成寺の始まりとなります。

文保二年（一三一八）、鎌倉幕府の執権・北条高時は日朗に対し、「殿中で諸宗と討論せよ」との命を下します。高齢の日朗の名代となった日印は、諸宗派をことごとく論破し勝利したのです。いわゆる「鎌倉殿中問答」です。

【中興の祖・日陣】 越後国に生まれた日陣は、延文元年（一三五六）京都本国寺（本圀寺）の学室に移り、勉学に努めました。日印を継いで本成寺と本圀寺、両寺の住持であった日静《にちじょう》から、本成寺を託された日陣は三一歳。以後、日陣は本成寺を足がかりに全国に布教の旅を続け、宗風をおおいに拡大し、また師弟の育成に力を注ぎました。本勝迹劣《ほんしょうじゃくれつ》の義を唱え、その弘通に務め、盛時には山内の支院及び学寮などは一六〇余坊にも及んだといいます。本圀寺を継いだ日伝との間で八年にわたる法義論争を戦わせたことでも知られています。

イ：日印　ロ：日陣

問47

本門佛立宗《ほんもんぶつりゅうしゅう》

江戸末期の安政四年（一八五七）に、長松清風日扇《ながまつせいふうにっせん》が、京都で本門佛立講を開講したことに始まる門流です。法華宗本門流の開祖日隆を門祖とします。本山宥清寺《ゆうせいじ》（京都市）を中心に、世界に信徒を広げています。

> 隆泉寺に帰った日扇は、半年ほど淡路にいたが、東行の機を待つため、京都の生家にもどって、書道などを教える生活に入った。こののち一八五二年（嘉永五）までの三年余の生活については、ほとんど伝えられていないが、日耀がほどなく京都の妙蓮寺第四十七世にのぼったこともあり、日扇は、京都に在って仏道修行のしずかな日々を重ねていたのであろう。この間に、日本社会は、鎖国から［イ］へとあわただしく歩み始め、時代は幕末維新の動乱へと急転しようとしていた。この時勢を反映して、本門法華宗の宗内でも、新しい胎動が始まっていた。それは八品派教学を揺るがす三途成不論《さんずじょうふ》争の激化であり、その背景には、［ロ］信者による新しい信仰運動の発展があった。僧侶として三十代の前半を過ごした日扇が、新しい［ロ］宗教の担い手として起《た》つ日が近づきつつあった。

（村上重良著『仏立開導 長松日扇』講談社より）

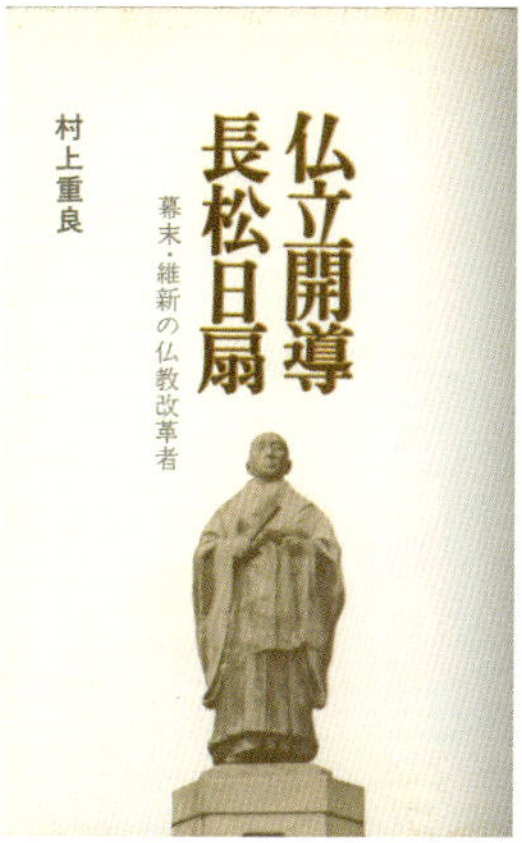

村上重良著『仏立開導　長松日扇』講談社

著者村上重良は宗教学者。神道、仏教、現代宗教、宗教史で数多くの著作を残しました。平成 13 年（1991）没。

解説

【開導日扇】　長松清風は、江戸末期の文化一四年（一八一七）に京都の商家に生まれました。学問に優れ、国学、和歌、書道も極めていました。

三〇歳の頃、法華経本門八品の御題目の信仰に目覚め、淡路の法華宗隆泉寺で出家得度します。学僧として立とうと尼崎檀林に入学を志しますが受け入れられず、一度は師の日耀とともに淡路に戻ります。右ページの文章はその時の様子です。

僧形俗形の区別に本質的差異を認めない姿勢を貫き、安政四年（一八五七）に本門佛立講を開講します。現世に生きている人を救済するために在家信徒に題目の口唱行を勧めました。また、教えを和歌に詠み込んだ「御教歌《ごきょうか》」も作成します。

【明治維新】　本門佛立講の開講から足かけ一〇年余が過ぎ、日本は明治維新を迎えます。神道国教化やキリスト教解禁の噂が乱れ飛び、仏教界は混乱します。そんな中、日扇は以前から佛立講を敵視していた大津の諸寺から邪法を広めていると訴えられますが、このことが逆に日扇に法華宗本門流での再出家の道を開きます。

日扇は明治二三年（一八九〇）にこの世を去りますが、本門佛立講が一宗として独立するのは、昭和二一年（一九四六）のことです。

現在は全国約三〇〇か寺の他、韓国、台湾、ブラジル、米国、スリランカ、イタリア、フィリピン、インドなどにも支部を持ちます。

イ：開国　ロ：在家

問48

日蓮本宗《にちれんほんしゅう》

日蓮を宗祖とし、六老僧の一人、日興の法脈を継承する富士門流の日尊《にちぞん》を派祖とする宗派。日尊は西国弘通を志して正安二年（一三〇〇）秋から諸国を歴訪し、その拠点として延慶元年（一三〇八）京都に法華堂を建立したのが本山要法寺《ようぼうじ》の起こりです。要法寺は興門派八本山の一つとなっています。

我が宗門は御開山［イ］上人以来連綿として血脈を継承してきた歴史と伝統のある宗門であり、宗門史としては七百年を超えております。その中でも最も栄えた時代は江戸期頃で、当時はかなり隆盛を誇っていたものと思われます。

その後、明治になってから日興上人の門下であった富士門流八本山が総結集して本門宗を創設し、初代管長には本山［ロ］の貫首猊下が就任されるなど、その当時も［ロ］が中心となって活動したことが伺えます。

昭和十六年には戦時中ということもあり三派合同をした時代もありますが、今日の日蓮本宗として歩み始めたのは昭和二十五年になってからのこと、日蓮本宗として独り立ちをしてやく六十年ほどになりました。

（日蓮聖人門下連合会編『日蓮聖人門下連合会五十年の歩み』日蓮聖人門下連合会より）

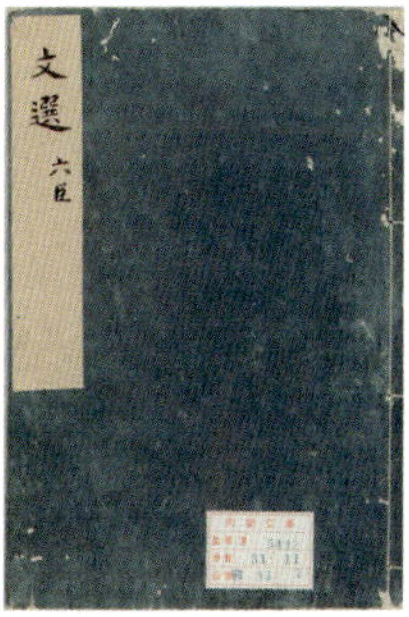

『文選（直江版）』の印刷

戦国時代、出版事業は寺院が担っていました。要法寺が寺町（新京極）二条にあった頃、上杉家家老の直江兼続（なおえかねつぐ）依頼により『文選（もんぜん）』（60 巻・31 冊）が要法寺の活字で印刷・出版されました。この、『直江版文選』は銅活字で印刷され、日本で最初の銅活字印刷といわれています。『文選』は周代（紀元前 5 世紀）から梁（6 世紀）に至る 1000 年間の優れた詩・文章などを細目に分けて編纂されたものです。

解説

【派祖・日尊】 日尊は、西国布教を志し、京都に要法寺を開きました。文永二年（一二六五）、陸奥国（現在の福島県）の生まれで、幼少時から天台の修学に励んでいました。

一九歳のとき、布教のため奥州を訪れていた日目の教化に合い、入門を決意し、法華宗に帰依しました。日蓮入滅翌年の弘安六年（一二八三）のことです。次の年、日目と共に身延山に登り日興に師事します。

日興の身延離山に際して日目に付き従いますが、重須談所《おもすだんしょ》（現在の北山本門寺）での日興の講義の最中、窓の外を舞い散る梨の葉に気をとられてしまい、破門されます。ここから一念発起した日尊は、諸国を遍歴し多くの寺を建立し、延慶元年（一三〇八）に京都山城に法華堂（後の要法寺）を開きました。後に日興から破門も許され、建立寺院は三十六か所に及んだとされます。

【日蓮本宗の設立】 明治期に入ると、日興の流れをくむ富士門流八本山は合同して本門宗を創設し、初代管長には要法寺の貫首が就任しました。

昭和一六年（一九四一）には第二次大戦下の宗教団体法により、本門宗は日蓮宗、顕本法華宗と合同し日蓮宗と称しました。しかし戦後の昭和二五年（一九五〇）、足立日城貫首代に、要法寺とその末寺五十か所は日蓮宗から独立して日蓮本宗を設立しました。

イ：日尊　ロ：要法寺

問 49

法華宗真門流《ほっけしゅうしんもんりゅう》

法華経の如来寿量品は仏教の魂であるとする日蓮の精神を受け継ぎ、本果実証《ほんがじっしょう》のお題目で法華宗を開いたのが開祖の日真です。法華宗真門流は、日蓮の精神「本果実証上行所伝《じょうぎょうしょでん》の南無妙法蓮華経」を本尊として信仰しています。総本山は京都市上京区の慧光山本隆寺《えこうさんほんりゅうじ》です。

（編集部注・日真は）十八歳にして叡山に登り天台教学の研究に打ち込むこと五ケ年、二十三歳の時、山を下りて妙本寺（今の妙顕寺）に入り、深く台当の異目を探り、日蓮教学の研究に励む。その研究成果が「一部修行、［イ］、唯壽量、［ロ］」の教学である。

しかしこの教学は、本迹一致の立場をとる妙本寺の日具上人らと相容れなかったため、主張の受け入れられないことを知った日真大和尚は、敢然と妙法寺を退出するに至る。この時、大和尚の主張に共鳴し、行動を共にしたのが、本隆寺二世の大林坊日鎮上人である。

妙法寺を出た二人は、日鎮上人がかねてより築いていた六角西洞院の庵室に入り、一寺建立を計画する。そうして日像菩薩の旧跡を慕って京都四条大宮に建てられたのが「慧光無量山本妙興隆寺」すなわち現在の本隆寺である。長享二年（一四八八）四月二十八日、立教開宗の聖日を期してのことであった。

（日蓮聖人門下連合会編『日蓮聖人門下連合会五十年の歩み』日蓮聖人門下連合会より）

本隆寺本堂

本隆寺（京都市上京区）の本堂と祖師堂は二度の大火にも難を免れ京都のなかでも古い建築で、国指定重要文化財です。

解説

【開祖・日真】　法華宗真門流の開祖・日真（一四四四～一五二八）は兵庫県豊岡市に、父親は天皇に仕える権大納言《ごんだいなごん》という家柄に生まれました。六歳で妙境寺の日全に預けられ、一二歳のとき日蓮の入滅日に剃髪得度し、名前を「大経坊慧光《だいきょうぼうえこう》」と改めました

一八歳で比叡山に登り、五年間天台教学の研鑽に務め、仏教のすべての教えは「法華経」にあることを確信し、その後、京都の妙顕寺に入り、天台・日蓮教学を学びました。妙顕寺では日具を師として修行しましたが、日真の本勝迹劣の教学は本迹一致の立場をとる日具たちと相容れなかったので妙顕寺を出て、京都四条大宮に慧光無量山本妙興隆寺（慧光山本隆寺）を創建しました。四条の妙顕寺より分立した日真門流は日真を開祖とするものです。

【総本山・本隆寺】　法華宗真門流の総本山・本隆寺は、長享二年（一四八八）創建されました。後柏原天皇等の支援を得て隆盛しますが、延暦寺衆徒が京都の法華宗徒を襲った「天文の法難」に遭遇し、諸堂はことごとく消失し堺に避難することとなります。天文一一年（一五四二）春、現在の地に再興され、承応二年（一六五三）には大火により諸堂を失いますが本尊は無事で、万治元年（一六五八）に再建されます。さらに天明八年（一七八八）の大火で再び山門・鐘楼・方丈・塔頭《たっちゅう》が焼失します。しかし、本堂・祖師堂・宝庫は消失を免れたので、それより「焼けずの寺」の異名がつくようになりました。

イ：本勝迹劣　ロ：本果実証

問 50

本門法華宗《ほんもんほっけしゅう》

日隆（一三八五〜一四六四）を開祖とし、京都・妙蓮寺を大本山とする宗派。もとは京都本能寺・尼崎本興寺・沼津光長寺・茂原鷲山寺《じゅせんじ》およびこの妙蓮寺の五本山を中心とする日隆門派・八品派に属しましたが、現在では妙蓮寺のみが本門法華宗、他の四山は合同して法華宗本門流と公称しています。

本宗は、久遠実成本師釈迦牟尼世尊の自詮によって建立されたもので、本化上行再誕日蓮聖人これを承けて立教開宗し、［イ］（日蓮宗六老僧の一人）、日春、日法、日辨、［ロ］（六老僧の弟子、京都に御題目弘通のため妙顕寺建立）、大覚、朗源、日霽《にっせい》、日存、日道と伝承し、門祖［ハ］聖人、本門八品の正義を再興唱導し、爾来、法統連綿として今日に至る。

※本門法華宗は釈尊によって建立され、日蓮大聖人がこれをもって開宗し、日朗より日隆に至るまで伝承され、本門八品の宗義を日隆が再興したとしています。

（『本門法華宗・宗綱』より）

妙蓮寺の文化財

妙蓮寺が所蔵する長谷川等伯の障壁画は、金碧画（きんぺきが）といわれる金箔を一面に貼りつめた画面に岩絵具を用いて彩色した濃彩画。なかでも特筆すべきは、「松桜図（しょうおうず）」と「鉾杉図（ほこすぎのず）」で、ともに国の重要文化財に指定されています。等伯の障壁画は、全42面が収蔵されていますが、いずれも等伯の雄大さと息子の久蔵の精細さを併せ持つ妙蓮寺独特のものです。

解説

【大本山妙蓮寺】　本門法華宗の根本道場である大本山妙蓮寺は、鎌倉時代末期の永仁三年頃（一二九五）に六老僧・日朗の弟子、日像《にちぞう》により創建されました。日蓮の遺命により、日像は京都における日蓮の教えの布教に努めた人です。造酒屋の柳屋《やなぎや》仲興《なかおき》が日像に帰依したことから、その邸内（西洞院五条）に一宇《いちう》が建立され、これが屋号より柳寺《やなぎでら》と称したのが妙蓮寺の始まりです。

寺はその後破却にあい、応永年間（一四二〇年頃）、本迹勝劣《ほんじゃくしょうれつ》、本迹一致《ほんじゃくいっち》の宗論を契機に、日存・日道・日隆らとともに日像の建立した妙顕寺を離れた日慶が、日像の故地にちなんで綾小路大宮に柳屋の外護《げご》で寺の再興を図り、卯木山《うぼくさん》妙蓮寺と号しました。日慶は、皇室と関係の深い日応を開山として迎え、皇族や武家の参詣も多くなりました。日応の後継の妙蓮寺八世・今出川家の公達の日忠は、日隆の教えに深く信を寄せ、中興の祖と称されています。

【日隆教学】　妙蓮寺は隆昌を極めていましたが、天文五年（一五三六）、叡山諸宗の僧一〇万人の襲撃に遭い、妙蓮寺をはじめとする日蓮聖人門下二一本山は、ことごとく焼き払われ（天文法難）、また大火に遭うなどの災害にも見舞われますが、その度に復興をとげました。教義的には永享元年（一四二九）以来続いていた日隆門下との義絶を憂いた日忠が日隆教学を取り入れ、以来その流れを汲んで今日に至っています。

イ：日朗　ロ：日像　ハ：日隆

問 51

国柱会《こくちゅうかい》

国柱会は、純正日蓮主義を信奉する在家仏教の教団として明治一七年（一八八四）、田中智学《たなかちがく》によって創建されました。日蓮は単なる一宗一派の祖師ではなく、世界人類を救うために日本に出現した本化上行菩薩と仰ぎます。

それ本化の妙宗は、宗門のための宗門にあらずして、［イ］のための宗門なり。すなわち日本国家の応《ま》さに護持すべき宗旨にして、また未来における宇内人類の必然回帰すべき、一大事因縁の至法なり。

この大事縁を宣伝せんがために、日蓮聖祖はわが日本国に垂化したまえり。この大いなる願業を継紹《けいしょう》貫通せんことを目的として「［ロ］」は建てられたり。

しかるに今の宗門は、数百年来種々の悪事情のために、全くその本分を忘失しおわれり。ゆえに今これを改造して、聖祖出世垂教の宏猷《こうゆう》を回復し、もって宗門の真利妙用を光顕せざるべからず。本篇はこれを詳論して、［ハ］の根本義を明らかにす。

（田中智学著『宗門之維新』丸山照雄編『近代日蓮論』収録　朝日新聞社より）

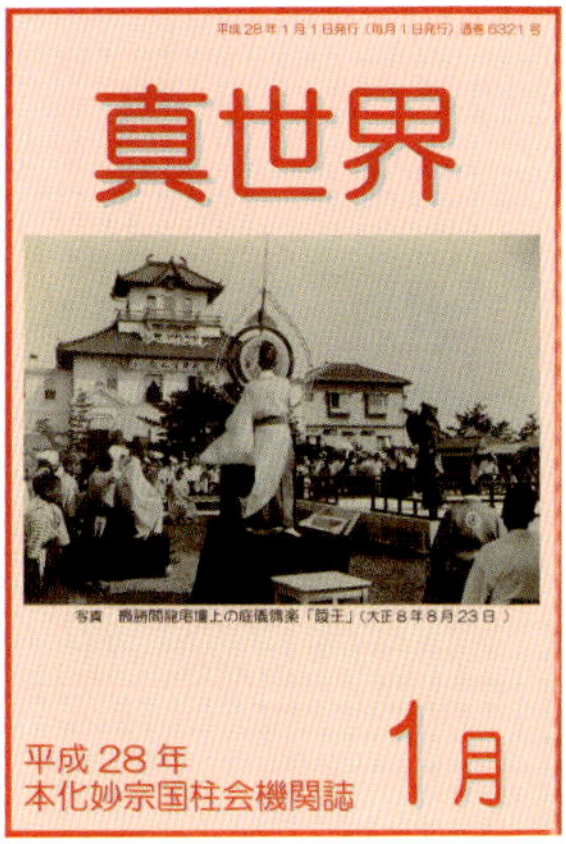

『真世界』

国柱会は、創立当初から今日に至るまで、言論に、文書に純正日蓮主義を鼓吹する活動を行ってきました。純正なる日蓮主義を一貫して宣伝してきたという意味で、他に比類なき輝かしい歴史です。とくに機関誌・紙発行の歴史は、明治19年（1886）『立正安国会報告』に始まり、『師子王』『妙宗』『日蓮主義』『国柱新聞』『毒鼓』『天業民報』『大日本』『真興』『真世界』など、会の発足以来130年に及び継続発行しています。

解説

【原点は本化妙宗】 国柱会は、田中智学が日蓮宗の宗義に疑問をいだき、還俗して「蓮華会」という組織を明治一四年（一八八一）に結成したのが始まりです。その後、名称を「立正安国会」に改め、さらに大正三年（一九一四）、名称を現在の「国柱会」に改名します。これは日蓮の『開目抄』に記された、三大誓願の一つである「我れ日本の柱とならむ」に由来するものです。

国柱会は、日蓮の立正安国の精神を体し、立教の本義に基づき「本化妙宗宗綱・信条」を遵法。本化妙宗の本尊は、日蓮が佐渡で初めて書き示した「佐渡始顕妙法曼荼羅」としています。

【日蓮主義による国体運動】 国柱会の教学は、全宗派、全宗教の統一（一天四海皆帰妙法《いってんしかいかいきみょうほう》）のための宗教改革、ならびに皇祖皇宗の日本国体を、法華経のもとに体系化することを、究極の目標としています。

そのために、日蓮主義による国体運動を進め、王仏冥合《おうぶつみょうごう》（日蓮主義と国体との一体）を主張。世界統一を唱えて神武天皇と日蓮をその実行者とし、天皇中心の国家主義的立場から独自の国立戒壇論《こくりつかいだんろん》を説きました。著名な会員であった帝国陸軍・石原莞爾中将の「東亜連盟」構想や「世界最終戦論」、さらには石原が参謀であった満州国建国の思想的バックボーンとして国柱会の思想は多大な影響を及ぼしました。

イ：天下国家　ロ：本化妙宗　ハ：宗門改革

問 52

日本山妙法寺《にっぽんざんみょうほうじ》

藤井日達《ふじいにちだつ》は大正七年（一九一八）満州の遼陽に日本山妙法寺を建立しました。遺身である舎利《しゃり》を供養するため国内・海外各地に仏舎利塔《ぶっしゃりとう》を建立し、団扇太鼓《うちわだいこ》を打って法を広め衆生を導く実践的布教活動を行っています。また、不殺生・非武装の平和運動でもよく知られています。

大正六年（一九一七）二月二十一日、藤井日達（時に三十三歳）は皇居二重橋前において立正安国論の祈念を修し、日蓮の「日本の仏法月氏にかえり入る」という言葉を実践せんと［ イ ］開教を志し、まず［ ロ ］にわたって各地に団扇太鼓を打ちならして伝道し寺を建て、これを日本山妙法寺と名づけ、次いで［ イ ］にわたらんとした。しかしその志はとげられずなお満州にあったが、大正十二年九月、［ ハ ］の報を聞くや急遽帰国し、立正安国運動をおこして各地に布教し、これと共に日本山妙法寺を建て各地の運動の拠点とした。

（坂本日深監修『講座日蓮4　日本近代と日蓮主義』宮崎英修執筆「既成教団の新展開」春秋社より）

成田平和仏舎利塔

昭和 42 年（1967）、日本山妙法寺によって新東京国際空港 4000 メートル滑走路建設予定地の三里塚に平和塔を建立。日本山妙法寺は「平和・非暴力」による空港建設反対運動に加わっていました。平和塔の移転に際しては、昭和 47 年（1972）に日本山妙法寺と運輸大臣、千葉県知事、新東京国際空港公団との間で「空港の軍事利用を行わない」旨が記された「取極書」が交わされました。

解説

【西天開教《さいてんかいきょう》を目指す】 日本山妙法寺は、日蓮の「日本の仏法は必ず月氏《がっし》（天竺国＝インド）へ帰る」という使命を果たすために、仏教発祥のインドへの逆布教である「西天開教」を目指します。藤井日達は、この運動を実現させる主軸として、世界各地に仏舎利塔を建立しました。そのために、団扇太鼓を打ちたたきながらお題目を宣布するという「撃鼓宣令《ぎゃっくせんりょう》」の唱題を中心とした独特の行動的平和運動を展開。この撃鼓宣令には、人間と社会のあらゆるものを法華経の妙法に帰一させるための大願が込められているとされます。

大正六年（一九一七）、皇居の二重橋前で『立正安国論』の祈念を修することを誓い、衆生教化《しゅじょうきょうけ》に出立。翌年、満州・遼陽《りょうよう》に初の日本山妙法寺を創建し、関東大震災後、国土安泰を祈願して日本最初の道場を静岡県富士市に創建しています。

【平和運動の先頭に立つ】 昭和五年（一九三〇）、西天開教の旅に出て、インドでガンジーと会見し、その平等・不殺生・非暴力主義の立場に強い影響を受けます。昭和七年（一九三二）には、インドに念願の日本山妙法寺を建立。戦後、平和世界の建設のため、日本のみならず、アジア各地に仏舎利塔を造営し、さらに核廃絶などのため平和運動の先頭に立って行動しています。日達なきあと弟子たちも、その遺志を継いで活動しています。なお、現在は宗教法人法令により「日本山妙法寺大僧伽《だいさんが》」と公称しています。

イ：インド　ロ：満州　ハ：関東大震災

問 53

京都《きょうと》日蓮《にちれん》聖人《しょうにん》門下《もんか》連合会《れんごうかい》

今から約七二〇年前、永仁二年（一二九四）四月、日像が京都御所の東門に立ち、昇り来る旭日に向かって「南無妙法蓮華経」と声高らかに唱えました。これが日蓮宗・法華宗の京都開教で、京都日蓮聖人門下連合会の歴史的始まりとなります。

北条氏が滅亡し建武の復古となり、足利の武家政権が確立されると、京都は名実ともに政治の中心地となり、日蓮門下各門流の諫暁が競って行われるようになった。そうした中で、京都開教を宗祖日蓮に委嘱された日像は、一二九四（永仁二）年四月に日蓮門下として最初に入洛を果たした。

しかし、その布教は大変な艱難辛苦を伴うものであった。布教の勢いが増すに伴い、［イ］をはじめ諸宗の迫害や讒奏に遭い、一三〇七（徳治二）年二月より、朝廷から洛外追放の命を受けること三度、赦されること三度にして（［ロ］）、ようやく本拠とする［ハ］の建立が許されるに至ったのである。

（小松邦彰・花野充道責任編集『シリーズ日蓮3　日蓮教団の成立と展開』佐古弘文執筆「日朗門流の成立と展開」春秋社より）

京都布教の先駆け

妙顕寺は京都での最初の日蓮宗寺院で、建武元年（1334）に後醍醐天皇の綸旨（りんじ）により勅願寺となり、日蓮教団の地歩を確立。その後、度重なる比叡山衆徒の破却による移転や、教義的な問題をめぐる分流・分派など紆余曲折がありますが、京都日蓮宗・法華宗の中心的位置を保持してきました。

解説

【京都日蓮聖人門下連合会】 日蓮宗、法華宗各派合同の連合体で、日蓮宗・法華宗本門流・顕本法華宗・法華宗陣門流・本門佛立宗・日蓮本宗・本門法華宗の七宗が所属し、京都日蓮聖人門下連合会が結成されています。全国的組織の「日蓮聖人門下連合会」には法華宗真門流・不受不施派・国柱会・日本山妙法寺が加わります。宗派・門流は多様ですが、「南無妙法蓮華経」のお題目を弘めていくため、手を携えて布教に精進していくことで、六十数年前に設立されました。

京都における日蓮宗・法華宗の歴史は、日像による京都開教から始まります。政権が鎌倉から京都に移行する動きに従い、西日本への布教が集中。京都の日蓮宗の指導的役割を果たしつつ教線を伸ばした日朗門流の他にも、日興門流の日尊は上行院を開き、身延門流の日意が創立した妙傳寺は同門流の近畿布教の中心となりました。以後、宗門未開の地、京都に日蓮の教義伝道を使命とし、日陣門流の日陣、日什門流の日什など次々と上洛しています。一六世紀になると、京都の日蓮宗各門流は最盛期を迎え、二一本山を数えます。寛正七年（一四六六）には「寛正の盟約」を成立させ、叡山衆徒との対立を回避するなど、宗派を超えて、門流和融を図る盟約を結び危機を乗り越えてきた歴史があります。

現在も教義や宗風の違いを超えて、日蓮の異体同心の祖訓を護り、互いに切磋琢磨して広宣流布の大願成就に向けて活動しています。

イ：比叡山　ロ：三黜三赦《さんちつさんしゃ》　ハ：妙顕寺

臨終を習う

妙法尼御前御返事にいわく……

日蓮幼少の時より仏法を学び候しが念願すらく、人の寿命は無常なり。出づる気は入る気を待つ事なし。風の前の露、なお譬にあらず。かしこきも、はかなきも、老いたるも、若きも定め無き習いなり。されば先ず臨終の事を習うて後に他事を習うべし。

この文は、妙法尼の手紙に対する日蓮の返事です。彼女の手紙によれば、彼女の夫は病気であるにもかかわらず法華経を日夜読誦し、死の直前には「南無妙法蓮華経」と二度唱えたということです。

これに対して日蓮は、臨終間際まで題目を唱えていた功徳によって亡き夫が成仏したのは間違いなく、また、そのような人と縁を結んだ妙法尼の成仏もまた間違いないと励まします。そのうえで日蓮は、この世に生を享けたかぎり誰にも訪れる死を、何よりも先に学ばなければならないと説いたのです。

何人も免れることのできない死という現実に思いを巡らすとき、人は自ずから生を直視せざるを得なくなります。死をどう捉えるかによって，生き方が変わるわけで、死を単なる生の終焉で、何の意味もないものと捉えれば、生もまた意味のないものになってしまうでしょう。あるいは、人間死んだら終わりという死生観に立つならば、仏道修行を初め、一切の精進努力が意味をなさなくなり、多くの人が刹那主義に走るでしょう。

そうではなく、人生の終わりである死は新しい生の始まりであると説くのが仏教であり、仏教に根ざすかぎり、臨終のことをまずもって学ばなければならない。そのように日蓮は説いたのでした。

5章 檀徒の芸術家たち

問 54

狩野永徳《かのうえいとく》

稀代の天才絵師と謳われる狩野永徳。足利将軍家、織田信長、豊臣秀吉など、天下人に重んじられて数々の壮大な障壁画を手がけ、狩野派の最盛期を支えた人物です。狩野家は代々、日蓮宗の信徒で、永徳も菩提寺に供養のための絵を寄進しています。次の文章は、その永徳が、足利義輝から洛中洛外図屏風の注文を受ける場面です。

ある日、源四郎（編集部注・永徳）が顔を出すなり、義輝は興奮気味に言葉を投げやってきた。

『この前、［イ］寺で絵を見た。お前の筆であろう。あれは何ぞ』

［イ］寺というと、狩野家の墓のあることからも分かる通り、狩野家との付き合いの長い寺である。（中略）

『あの京の町が描かれている屏風よ』

祖父・［ロ］の供養《くよう》のために寺に寄進《きしん》したものだ。普通そういう品は死蔵《しぞう》させておくものだが、一度寄進したものをどう使うかは先方の都合というものだ。

して、その絵が如何致しましたか？　そう訊くと、義輝は即座に口を開いた。

『あれを越える京洛の絵を描いて欲しい。いくら時をかけてもよい。天下の主たる予が持つに値すると思う逸品を作ってこい』

（谷津矢車著『洛中洛外画狂伝　狩野永徳』学研パブリッシングより）

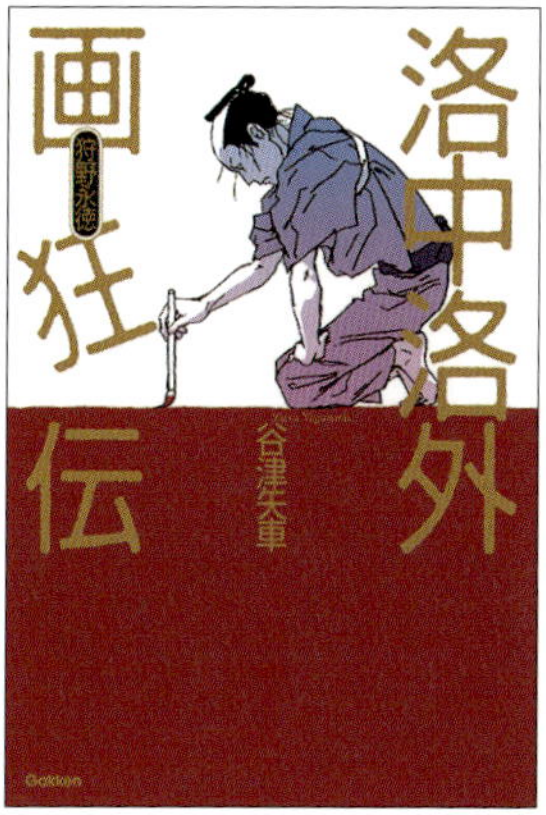

谷津矢車著『洛中洛外画狂伝　狩野永徳』
学研パブリッシング

　天与の才を持って狩野家に生まれた絵師、狩野永徳が、武士階級が天下を狙う乱世の京で、その才能を開花させる姿を描いています。単行本は2013年3月の刊行。

解説

【狩野永徳】　天文一二年（一五四三）～天正一八年（一五九〇）。安土桃山時代を代表する絵師。室町時代から江戸末期まで約四〇〇年にわたって画壇に君臨する絵師集団「狩野派」のなかでも最も高名な人物です。狩野家は代々、日蓮宗の信徒で、京都の妙覚寺に墓所があります。

　永徳は織田信長、豊臣秀吉といった天下人から才能を愛でられ、安土城、大阪城、聚楽第などの障壁画を手がけましたが、その多くは戦火によって建物とともに焼失してしまいました。現存する作品として「唐獅子図屏風」「梅花禽鳥図」「檜図屏風」などがあります。それらは見るものを圧倒する力強い表現力、確かな描写力、そしてスケール感が特徴です。一方、永徳の名を不滅のものとした国宝「洛中洛外図」は、京の町の景観や風俗を、時間を超えて描き込んだ大作で、その緻密さによって見る者を圧倒します。

　一三代将軍足利義輝の依頼で描き始めたものの義輝は非業の死を遂げ、洛中洛外図はその後、織田信長の手から同盟の印として上杉謙信に贈られ、現在は米沢市上杉博物館に伝わっています。

【京の日蓮宗】　日像によって京の都に広まった日蓮の教えは、応仁の乱（一四六七～一四七七）前後の戦乱や天災で苦しむ人々の心の拠り所になりました。大名から庶民まで幅広い層が帰依するようになり、京に住む人の過半が日蓮宗の信徒だったともいわれます。

イ：妙覚　ロ：元信

問 55

長谷川等伯《はせがわとうはく》

本書の問1「唱題」で登場した「松林図屏風」の作者、長谷川等伯は日蓮宗信徒の家に育ちました。絵師として成功しようと京に上り、寺院に仏画を納めたり、裕福な商人と縁を結んで絵を売るなどして、等伯は絵師としての礎を次第に固めていきました。

卯《う》の刻、朝六時に目を覚まし、家族そろってご本尊の前で［イ］をとなえる。軽めの朝食をとりながら宗清とその日の仕事の打ち合わせをした後、辰の中刻（午前九時）に離れの仕事場に入る。

これは宗清の父無分《むぶん》の頃からつづく長谷川家の習慣である。人は常に一定の生活習慣を保たなければ、心技体は十全にはたらかない。絵仏師としての長谷川家の基礎をきずいた無分は、そのことを体験的につかみ取って宗清に受け継がせた。

その後継者である信春（編集注・等伯）は、十畳ばかりの板の間の仕事場に入ると、床の間にかかげた［ロ］の前で座禅を組んだ。

目を半眼にして呼吸をととのえ、大宇宙の高みで［ハ］と多宝《たほう》如来が諸仏に法を説く姿を瞑想し、心が充分に静まってから筆をとる。

（安部龍太郎著『等伯　上』日本経済新聞出版社より）

安部龍太郎『等伯　上・下』日本経済新聞出版社

　桃山時代に活躍した画師長谷川等伯が、武士の立場に立つ実兄や、ライバルの画家・狩野永徳との確執や自身の絵画創造に苦しみながら、50代で「松林図」を描くに至る姿を描いたもの。第148回の直木賞受賞作。作者の安部龍太郎はこの作品執筆のために、法華経について猛勉強したといわれています。

解説

【長谷川等伯】　天文八年（一五三九）～慶長一五年（一六一〇）。能登の七尾（石川県）に生まれた等伯は、幼くして染物屋であり仏画も描く長谷川家に養子に入り、養父宗清や養祖父無分から絵の手ほどきを受けました。長谷川家は日蓮宗の信徒で、二〇代まではおもに仏画を描いて日蓮宗寺院などに納めていました。日蓮聖人像や鬼子母神像（いずれも高岡市大法寺蔵）は二六歳の作です。

　三三歳で絵師としての成功を求めて上洛し、ほどなく等伯と号するようになります。「等」の字は、雪舟の弟子の等春から取り「雪舟より五代」と自称した絵師でした。当時の、京の本法寺は堺の有力町衆油屋の出である日通が住職を務めており、等伯はその縁で京の町衆や茶人・千利休の知遇を得ると、その推薦で名刹大徳寺の天井画や柱の装飾画を制作するなど、京での地位を築いていきました。

【等伯の画業】　当時の京の画檀は松栄・永徳父子が率いる狩野派の独擅場でした。等伯は、そこへ新鮮な画風をもって登場します。

　内裏の障壁画制作の指名争いには敗れたものの、秀吉に仕える僧形の武人、前田玄以に引き立てられ、祥雲寺の襖絵を手がけます。

　智積院に伝わる「桜図」「楓図」「松に秋草図」といった一連の祥雲寺襖絵に見られる金碧障壁画と、「松林図屏風」「竹林猿猴図屏風」「水墨山水図」などの水墨画。残された作品の多くが国宝や重要文化財となっています。

イ：お題目　ロ：本尊曼荼羅　ハ：釈迦如来

問 56

本《ほん》阿《あ》弥《み》光《こう》悦《えつ》

江戸初期の芸術家、本阿弥光悦は多芸、多才で、有力大名や一流の文化人とも密接な交友関係を築いていました。しかしそうした華やかな経歴とは裏腹に、暮らしぶりはきわめて質素で、為政者にも媚びることのない人でした。それは、光悦が熱心な日蓮宗の信徒で、仏の教えに対する信心を拠り所に生きようとしていたからにほかなりません。

この一族（編集部注・本阿弥家）は足利将軍義教の時代に本阿弥清信《きよのぶ》が獄中で［イ］上人――焼《や》け鍋《なべ》を頭にかぶせられるというすさまじい拷問にも屈しなかったので鍋《なべ》かむり［イ］と呼ばれた傑僧だ――に帰依《きえ》して名を本光と改めて以来、代々剃髪《ていはつ》して光の字を名乗るに至ったもので、みな非常に熱烈な法華信徒であった。京の本法寺と深く結ばれ、その外護《げご》となり、のちにはみずからのうちからもそこの僧を出しているほどで、いわば本法寺を精神的支柱として生きて来たのである。光悦が［ロ］から鷹《たか》ケ峰《みね》の地を賜ると、そこにも常照寺、妙秀寺、光悦寺、知足庵の四寺を営んで日々の勤行《ごんぎょう》を最も熱心に行っている。神仏を深く敬っていたので、たとえ世間の目が許しても見えないその存在に対して許されぬ行為はしないという心掛けが、こういう剛直な精神を作りあげたのだと思われる。

（中野孝次著『清貧の思想』草思社より）

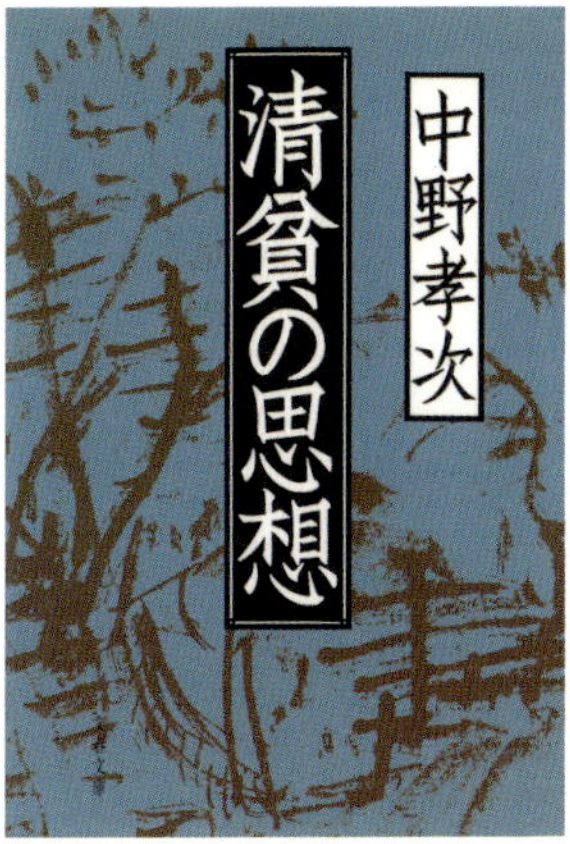

中野孝次著『清貧の思想』草思社

80年代後半、バブル景気の末期に、「金やモノに振り回される生き方は幸せか」という問題提起を行い、ベストセラーになった書。本阿弥光悦、良寛、与謝蕪村、松尾芭蕉など一流の風流人の生き方を論じている。

解説

【本阿弥光悦】 永禄元年（一五五八）～寛永一四年（一六三七）。書、茶の湯、陶芸、漆芸、作庭など幅広い分野で才能を発揮し、「光悦流」と呼ばれる斬新で華麗な作風を確立したマルチアーティスト。

あるとき、加賀藩の殿様が光悦の持っていた茶道具を気に入り、高値で買い取ろうとしたところ、光悦は「茶に利得がからんだら、茶道具も私の茶の道も汚れる」と断ったという逸話が残っています。仏の教えに従って純粋無垢に生きることだけを信条としていた光悦は、「天命をなによりも畏《おそ》れ、非道を嫌う人だった」と伝えられています。光悦のあつい信仰心は、母の妙秀から受け継いだものです。右ページにある本光は本阿弥家の六代目、光悦の曽祖父にあたります。

【光悦村】 光悦は指折りの文化人で、多くの有力大名や公家と深いつながりを持っていました。その一人が徳川家康です。元和元年（一六一五）、京の北の鷹ヶ峰に東西三六〇m、南北八〇〇mの土地を拝領し、親しい金工、陶工、蒔絵師、画家、筆屋、紙屋、織物屋など法華宗徒仲間を呼び寄せました。そしてできあがったのが「光悦村」と呼ばれる集落です。五〇以上もの家屋敷が軒を連ねたといわれ、尾形光琳の祖父も村に住み、指導に当たっていました。

光悦が俵屋宗達とともに作り上げた洗練された美意識、純日本的な装飾美は、尾形光琳、尾形乾山らに広がり「琳派」と呼ばれる日本芸術の一大系譜となったのです。

イ：日親《にっしん》　ロ：家康

問57

尾形光琳《おがたこうりん》

雅《みやび》な大和絵《やまとえ》に、斬新な構図や画面展開を取り入れて、革新的な様式を確立した絵師、尾形光琳。尾形家は一族から何人もの住職を輩出する日蓮宗の信徒でした。四〇代頃まで放蕩三昧だったという兄光琳とは対照的に、六歳下の弟乾山《けんざん》は努力家で、焼き物の世界で頭角を現しました。光琳の絵付けで乾山が焼いた作品もたくさんあります。

深省（編集部注・乾山）は、遠くを見る目になった。甚伍はうなずいて、

「昔、光琳はんが赤穂浪士に肩入れしたという話をしたことがありましたな。光琳はんの絵は、非情の絵やった。赤穂浪士の討入りも光琳はんの絵やったかもしれません。非情やけど美しいということですな」

深省は、なるほど、そうかもしれない、と思った。

（兄さんにとって絵を描くことは［イ］やった。この世の［ロ］と闘ったのや。そうしてできたのが、はなやかで厳しい光琳画や。わしは、［ロ］を忘れて脱け出ることにした。それが乾山の絵や）

（葉室麟著『乾山晩愁』角川文庫より）

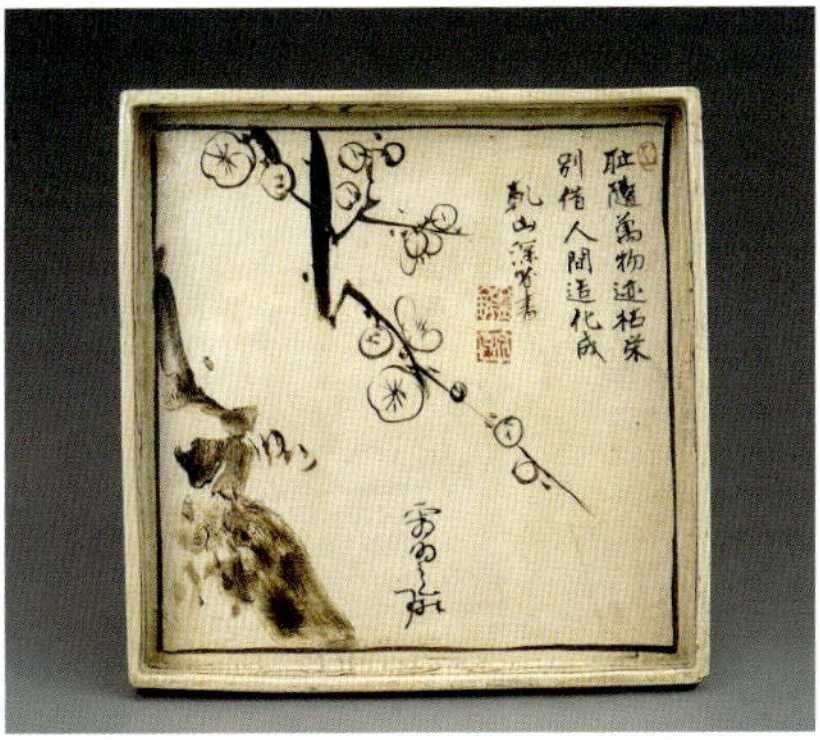

尾形乾山作・尾形光琳画「銹絵梅図角皿」
根津美術館蔵

陶芸家であった弟・乾山が器を作り、光琳がそこに絵を描いた兄弟合作の作品も多い。梅の幹が枠を飛び出し、上から枝が現れる構図は「紅白梅図屏風」と同じです。

解説

【尾形光琳】　万治元年（一六五八）～享保元年（一七一六）。光琳の生家は雁金屋という高級呉服を商い、徳川家や天皇家の御用を務める京の豪商です。有力町衆で、本阿弥家とも血縁関係にありました。こうした恵まれた環境で育った光琳は、少年時代から能や茶の湯、書などの芸事に親しんで育ちました。

三〇歳のときに父が亡くなり莫大な遺産を継いだ後は放蕩生活を送り、本格的な芸術活動を始めたのは四〇歳をすぎてからです。光琳は、光悦や俵屋宗達に私淑《ししゅく》。伝統的な大和絵を復興させながら、自由で伸び伸びとした構図や画面展開、きらびやかな装飾を加えて独特の世界を作り上げました。代表作は「燕子花《かきつばた》図屏風」「紅白梅図屏風」「八橋蒔絵螺鈿硯箱」などで、弟の尾形乾山の焼き物にも多くの絵付けを行っています。光悦、宗達が創始し、光琳と乾山が大成させた装飾性豊かな芸術は「琳派」と呼ばれています。

【光琳と妙顕寺】　京都市上京区の妙顕寺は、日蓮から京での布教を託された日像が、数々の法難を乗り越えて建立した京における最初の日蓮宗寺院です。一三世住職を務めたのが尾形家一門出身の日饒《にちにょう》で、光琳の時代までは塔頭だった興善院の住職も代々、尾形家から出ていました。光琳と縁の深い妙顕寺には、光琳筆の「寿老松竹梅三幅対」や、後の世に江戸琳派と称された酒井抱一が、光琳の百回忌に奉納した「観世音菩薩像」などが所蔵されています。

イ：苦行　ロ：愁い

問 58

葛飾北斎《かつしかほくさい》

モネ、セザンヌ、ゴッホなど、印象派の巨匠に多大な影響を与えた浮世絵師、葛飾北斎。世俗のことには無関心で、自身の絵の世界を高めることに専心した生涯でした。九三回も引っ越したという北斎は家財道具をほとんど持ちませんでしたが、唯一、日蓮像だけは大切にしていたといいます。娘のお栄も応為の名で絵師として活躍。晩年の北斎を支えました。

米屋や魚屋が勘定をとりに来ると、またアゴで笊を示して、

「いいだけ持って行きな」という。

奇人だと一言に片付けてしまえばそれまでだが、北斎にしてみれば、あくまでも自分の心の底に潜む怠惰と慢心とに戦いをいどんでいたのだ。

絶えず簡素な生活と、緊張した精神とを維持し、いつも一介の画学生としての［イ］を忘れないと決心していたのであろう。

老いた北斎とお栄の生活を『北斎伝』は、次のように記している。

「——みかん箱を少しく高く釘づけになして、中には［ロ］の像を安置せり、火鉢の傍には佐倉炭、土産物の櫛餅の籠、酢《すし》の皮など取り散らし、物置《ものおき》と掃《は》きだめと一様なるが如し……」

（池波正太郎著「奇人・北斎」講談社『若き獅子』所収より）

北斎漫画（墨田区蔵）

北斎のデッサン帳「北斎漫画」は後世の画師に多大な影響を与えています。東京・墨田区は北斎が暮らした地域です。ピーター・モースと楢崎宗重のコレクション寄贈を受けてすみだ北斎美術館の建設を計画中です。

解説

【葛飾北斎】 宝暦一〇年（一七六〇）～嘉永二年（一八四九）。江戸本所に町民の子として生まれ育った北斎は、安永七年（一七七八）に当代の人気浮世絵師の勝川春章に入門。真相は不明ですが師に内緒で狩野派や洋画など他の画法を学んだことがもとで破門されます。以後は生涯にわたり新たな分野に挑み、役者絵、美人画、武者絵、洋風版画、本の挿絵など多彩な作品を作り続けました。その芸術の頂点は、富士山をあらゆる角度から描いた「富嶽三十六景」や、諸国の名瀑を題材にとった「諸国滝廻り」などの浮世絵版画です。

人間の表情や動植物をスケッチした「北斎漫画」は、初めは画学生のための絵の教本として発表されたものですが、これを目にしたフランス人版画家がヨーロッパで紹介。空前の日本ブームが起こり、北斎の名も世界的に知られることになったのです。

有力大名から注文がある人気絵師でしたが、質素な暮らしを貫き、粗食に徹し、茶菓は好きなようでしたが、酒も煙草もやらず身なりも構わず、ひたすら画業に精進する人生を送ったといわれます。

北斎は日蓮像を身近に置くほどの篤い信仰の持ち主でしたが、世俗的な題材の多い浮世絵には信仰を投影した作品は見当たりません。めずらしい作品として、亡くなる二年前に、法華経を護法する七つの顔をもった龍（七面大明神）とその龍に恐れおののく人々の前で、泰然と読経する日蓮を描いた肉筆画「七面大明神応現図」を制作しています。

イ：精進　ロ：日蓮

問 59

歌川国芳《うたがわくによし》

日蓮宗においては「高祖御一代略図」を描いて有名となった江戸末期の浮世絵師、歌川国芳。その豊かな発想から迸《ほとばし》る、大胆で斬新な画面構成の作品は現在も大人気です。反骨精神にあふれた風刺画や戯画は、鬱屈した人々の溜飲を下げました。社会権力に屈しない国芳の姿勢や精神は、法難を恐れず布教に一生を捧げた日蓮に重なるものがあります。

国芳は豊国の門下にあったが、北斎に私淑し、勝川派、琳派などに学び、これを糧として自らの作風を確立してきた。武者絵はもちろんのこと、風刺画や美人画、歴史画、風景画と幅広い分野で精力的に活躍した。また一方では「　イ　」で役者絵や風刺画などの　ロ　に対する幕府からの規制が激しくなるなか、機知に富んだ作品を発表し、その軽妙洒脱な遊び心と反骨精神で禁令をくぐり抜け、庶民の喝采を浴びた。

国芳が描いた自画像は後ろ姿や顔をかくす描き方でその表情を見せないが、本人は豪放磊落かつ粋な江戸っ子らしい親分気質で、幕府の度重なる禁制やお咎めにも屈せず、庶民の思いを代弁する視点を持ち合わせていた。

（傑作浮世絵コレクション『歌川国芳　遊戯と反骨の奇才絵師』河出書房新社より）

「依智星降（歌川国芳『高祖御一代略図』）」
立正大学図書館所蔵

佐渡流罪の途上、相模国愛甲郡依智の佐渡守護代の屋敷に到着した日蓮が、夜、庭に立って経文を誦えるとともに、天の月天子に向かって法華経の行者を守護しない理由を問うと、庭の梅の木に明星天子が現れて、これより先の守護を約束する場面です。

解説

【歌川国芳】 寛政九年（一七九八）～文久元年（一八六一）。江戸日本橋の染物屋に生まれた国芳は、初代歌川豊国の目に止まり、一五歳で入門します。しかし、その名が知られるようになったのは豊国没後の三〇歳をすぎて描いた、『水滸伝』に題材をとったシリーズでした。まったく新しい構図と鮮やかな色使い、画面から飛び出しそうな躍動感あふれる武者絵が評判をとり、〝武者絵の国芳〟と呼ばれました。

その後は、注文に応じて風景画、役者絵、美人画、春画など多様なジャンルで作品を発表。また猫づくしなどユーモアあふれる動物画も数多く描いています。

国芳の壮年期はちょうど天保年間にあたり、飢饉や地震がたびたび起こり、米価や物価が高騰する経済の混乱。百姓一揆や打ちこわしが頻発するという世情が不安定な時代でした。しかも幕府の天保の改革により奢侈《しゃし》禁止令が敷かれ、文化や娯楽も取り締りの対象でした。そうしたなかで国芳は、機知とユーモアに富む風刺画や戯画を描いて、庶民に勇気と笑いを与えたのです。

一方で国芳とその一門は日蓮や法華信仰にかかわるたくさんの画を残しています。国芳作「高祖御一代略図」は日蓮聖人五五〇年忌にあわせて生涯の事跡を一〇枚揃いの浮世絵に仕上げたもので、当時この作品を見て法華信仰に入っていった人も多いといわれます。

イ：天保改革　ロ：浮世絵

信心唱題

妙一尼御前御返事にいわく……

夫れ，信心と申すは別にはこれなく候。妻のおとこ（夫）をおしむがごとく、おとこの妻に命をすつるがごとく、親の子をすてざるがごく、子の母にはなれざるがごとくに、法華経・釈迦・多宝・十方の諸仏菩薩・諸天善神等に信を入れ奉りて、南無妙法蓮華経と唱えたてまつるを信心とは申し候なり。

弘安３年、日蓮59歳のときに身延でしたためた、妙一尼宛ての返書です。宛先人の妙一尼については30ページで述べたように、迫害に耐えきれず棄教していく弟子や檀那がたくさんいる中にあって、最後まで法華経信仰を貫いた、鎌倉在住の女性であります。その妙一尼に宛てた手紙の中で日蓮は、「信心というのは特別なことではない。肉親を大切に思うのと同じ思いをもって法華経や諸々の仏を信じ、南無妙法蓮華経とお唱えすること、それを信心と申すのである」と、語りかけたのです。このような純朴な信心のあり方を「渇仰恋慕《かつごうれんぼ》の信心」といったりしますが、実は日蓮は「上野殿御返事」の中でも、「渇仰恋慕の信心」を強調しています。

「かつへて食をねがひ、渇して水を慕ふがごとく、恋ひて人を見たきがごとく、病に薬をたのむがごとく、みめかたちよき人べにしろいものを付くるがごとく、法華経には信心をいたさせ給え」（飢えたときに食べ物をもとめ、のどが渇いたときに水をほしがるように、また恋しい人を見たいように、病気になったら薬に頼るように、美しい人が紅や白粉を付けるように、法華経に対する信仰心を持つことです）

6章 近代日本に日蓮が与えた影響

問 60

日蓮主義《にちれんしゅぎ》

石原莞爾や宮澤賢治が心酔した「日蓮主義」とは何か。「日蓮主義」とは、田中智学の思想より発した、明治期から第二次大戦前に至るまで国家、あるいは民衆と密接にかかわりつつ展開した日蓮系宗教運動でした。

智学は、人類の思想と行動規範を『法華経《ほけきょう》』の教えで統一することを終始一貫して訴え、「日本国体学」を提唱した。それはまさしく［ イ ］の主張であった。

智学の布教活動は、全国各地での講演や講義、機関紙や会報の発行など著述活動が中心で、日蓮同様に「折伏《しゃくぶく》」によって相手を徹底的に論破する方法をとった。その著書である『宗門之維新《しゅうもんのいしん》』『本化摂折論《ほんげしょうしゃくろん》』などは、日蓮系の僧俗に大きな影響を与えた。

また智学が提唱した「八紘一宇《はっこういちう》」（世界を一つにまとめて、一家のように和合させること）という言葉は、当時から［ ロ ］を訴えていた智学の意に反し、太平洋戦争中に海外進出のスローガンとして利用された。

（山折哲雄監修『あなたの知らない日蓮と日蓮宗』洋泉社・歴史新書より）

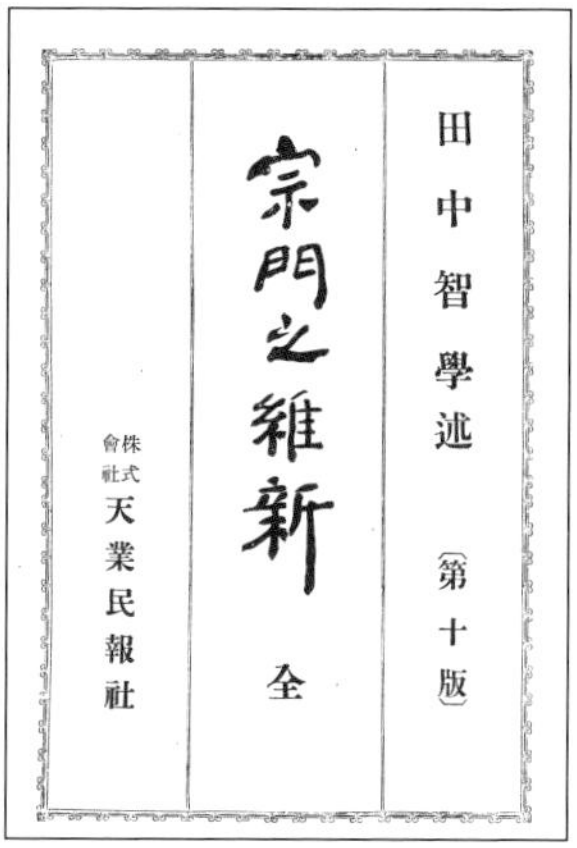
田中智學述
（第十版）
宗門之維新
全
株式會社
天業民報社

『宗門之維新』

明治34年（1901）田中智学が執筆・刊行した、『宗門之維新』は、「予が宗門改革の意見は、世の風潮に幻追して一朝一夕の夢想を放言せるものにあらず、今より二十年前、予が『立正安国会』を発軔（ほつじん）せし当時よりの宿案にして、今日にいたるまで再三これを当局者に説き、……」の序論で始まり、立正安国運動をすすめてきた宗門改革の見取図を明らかにしました。

解説

【政治領域への関与】「日蓮主義」とは、国柱会・田中智学によれば、日蓮仏教を単に信仰上の問題のみに限定することなく、政治や文化など幅広い社会的な領域へ押し広げようとする外発的な運動のことを意味する言葉です。明治から昭和初期にかけて日本が天皇を中心とした近代化を推し進めるなかで、この「日蓮主義」の運動が国家主義、国体思想と深く結びついていくことになります。「日蓮主義」の根幹には、日蓮本来の法華経広宣流布への積極性に還ろうとする理念があり、政治に対する働きかけが活発でした。このことが日清・日露戦争によるナショナリズムが高まる時世に即する形で、「日蓮主義」の思想が政治性に深く関与していく要因になります。

【国家と対峙】当時の日蓮主義者のなかには法華経における久遠本仏を根本の信仰対象とし、釈尊の命を受けた日蓮を大元帥として、皇室の帰依をうけて、日本を真の神国ならしめ、臣民ならびに世界の人々を教化すること、すなわち「神国日本」という国体思想も存在しました。この日蓮主義者は、論理や日蓮の弟子としての良心を、実践を通じて国家・国体という絶対者と自己を同一化するという神秘主義的な観念や実体験によって、独自の宗教観を確立していったのです。血盟団事件、五・一五事件に関与した井上日召《にっしょう》などの運動があります。

イ：日蓮　ロ：反戦

問 61

田中智学《たなかちがく》

日蓮主義を提唱した在家仏教教団・国柱会の創始者、田中智学は日蓮をどのように理解し、その思想・信仰を実現し時代とどのように対決しようとしたのか。機関誌『天業民報（大正十二年三月一日号）』から智学の語録を見てみましょう。

日本という国は、日本だけの為でなく帝室や民族のためだけでなく、世界人類の絶対平和を建設するために建てられた国だといふことは、国祖神武天皇の御詔勅に明白である。［　イ　］（世界中一軒の家といふこと）六合一都《りくごういっと》（世界中を一つ国とする事）と仰せられた。神武天皇は、武力をもって他の国を奪って自分のものとしようといふのでなく、世界中を一つの正しい道で繋いで、同じ道を奉じ同じ心になる様にして、世界中の人類を、「大きな一人」としようといふ思し召しである。それが自然と法華経の「［　ロ　］」といふ大安心に帰着して居るから、同じく世界中を一道に救はうとて説き示された法華経の［　ロ　］の大道理大信仰を、大聖人は直ちに日本国体の内容だとなされて、ここに法華経と日本国、日本国と法華経との先天的契合を挙げられて「法華経の本縁の国とは日本国なり」とお示しになったのである。

（田中智学著「日蓮大聖人を信奉する人々に告ぐ」『師子王全集信感篇』師子王全集刊行会より）

田中智学（国柱会提供）

田中智学は若いころの秀麗な肖像写真が知られていますが、この写真は大正５年（1916）56歳の写真。

解説

【在家仏教運動を開始】　田中智学（一八六一〜一九三九）は、熱心な法華経信者の医師を父として東京・日本橋に生まれました。満八歳のとき得度《とくど》して日蓮宗僧侶となり、宗門の教育機関で学びますが、天台教学中心の教育方針や妥協的な宗風に疑問を覚えます。二年間の独学を経て、日蓮の本意が折伏にあると考え「祖師に還ること」を決意。一八歳で還俗し、明治一四年（一八八一）、横浜で蓮華会を結成し、在家仏教運動を開始。明治一七年（一八八四）「立正安国会」を創建し、翌年一月、東京で設立を発表しました。智学の活動の基本には、当時の日蓮宗門への批判があり、智学の前半生は宗門改革運動が中心でした。

さらに、明治三四年（一九〇一）、改革のための宣言としてまとめた『宗門之維新』を発表。教学面では折伏重視の日蓮の根本精神に「復古」することが重要であり、制度面では時代に応じた「革新」が必要であることを説きました。

【「日本国体学」を提唱】　智学は、国立戒壇《こくりつかいだん》の建立による「法国冥《ほうこくみょう》合《ごう》」（仏教的政教一致）の達成によって日本社会が統合され、最終的には世界統一が実現すると考えました。日蓮仏教に根差した日本による道義的な世界統一と日蓮主義の指導的役割を論じた国家主義的な主張といえます。智学は教団名を「国柱会」に改め、国柱会は現在も在家仏教教団として活動を継続しています。

イ：八紘一宇《はっこういちう》　ロ：一念三千《いちねんさんぜん》

問 62

北《きた》一輝《いっき》・妹尾義郎《せのおぎろう》

帝都を恐怖と混乱に陥れた二・二六事件（昭和一一年・一九三六）の「理論的指導者」の一人として逮捕され、軍法会議に付され、翌年死刑となった北一輝。戦前から戦後にかけて、仏教的なヒューマニズムに立脚して社会主義的色彩を帯びた活動を展開し、仏教界の改革と社会の変革を目指した妹尾義郎。日蓮主義の影響を受けながら二人は正反対の道を歩みました。

この戒厳令下において、北独特の国家社会主義的構想が展開される。

一家族の私有財産限度を一〇〇万円とし、それ以上は［イ］で国家に納付する。戒厳令下にあっては、在郷軍人団をして秩序の維持と財産の調査納付に当たらしめる。私有地の限度は時価一〇万円とし、それ以上は国家に納付させる。納付された土地は、土地を持たぬ［ロ］に分割し、年賦で購入させる。都市の土地はすべて市有とし、三分利公債で補償する。私人の生産業の限度は資本金一〇〇〇万円以内とし、それ以上の生産業はすべて国営化する。（中略）

社会主義の発想を基礎としながら、在郷軍人団をして改造の実務に当たらせようという、ナショナリズムや武断主義が交錯して現れる。

（中村隆英著『昭和史 上』東洋経済新報社より）

仏陀を背負いて街頭へ

　妹尾義郎は自らの生涯を振り返り、「43年にわたる私の信仰生活は、つまずきながらも街頭や農村を、仏陀を背負いてかけずりまわった生活でした」と述懐しています。戦前戦後を通して一途にこのスローガンを実践したのが妹尾の生涯でした。『仏陀を背負いて街頭へ―妹尾義郎と新興仏教青年同盟』（稲垣真美著　岩波新書）は、新興仏教青年同盟運動と、それを指導した妹尾義郎の生涯について記した１冊。1974年の刊行です。

解説

【北一輝】　北一輝は二・二六事件で逮捕された後、宗教信仰を問われて、「信仰は何宗とは限りませんけれ供《ども》、大正五年一月以来『法華経』読誦《どくじゅ》に専念し、爾来この事のみを自分の生命とし、一年一年と修行を致しまして二〇年間を一貫致しております」と陳述したとされます。

　北の日蓮理解や法華経帰依の契機などについては明確ではありませんが、「『法華経』の弘通《ぐづう》をはかるものに加えられる迫害に耐えて末法の世に真の法を説き、人々を導こうとする強烈な使命感を述べた次元」（宮本盛太郎著『北一輝研究』有斐閣）であったことが理解されます。

【妹尾義郎】　妹尾義郎が上京して田中智学の門を叩いたのは大正七年（一九一八）。日蓮主義の影響を受けた妹尾は、顕本法華宗の最高指導者であった本多日生を尋ねてこれに師事し、布教活動をする一方、「大日本日蓮主義青年団」を組織して社会的な活動に乗り出します。その後、小作争議など歪んだ社会状況から生み出される社会問題とかかわります。この運動の過程で、妹尾は、国内状況の悪化に伴い、ますます激しくなる社会の矛盾を体感します。さらには仏教界と社会の改革をめざす仏教社会運動を実践するため、昭和六年（一九三一）、「新興仏教青年同盟」を創設します。戦後は平和推進国民会議事務局長などをつとめました。

イ：無償　ロ：農業者

問 63

藤井日達《ふじいにちだつ》

近代以降の日蓮と法華経に基づく宗教運動は様々な形で展開してきましたが、その中で、日蓮の存在を重視し、日蓮の行動様式に同一化しようとした藤井日達がいました。個の意識に基づく思想運動としての「日蓮主義」を貫いた一人です。

東京に入って、私は無残に破壊された焦土をつぶさに見て廻りましたが、そのうちにひとつの動かしがたい考えが浮かんでまいりました。それはどういうことかと申しますと、日本国というものには中心がなければならないが、それは［ イ ］においてほかにはない。そしてまた日本の国土というものを考えると、その中心は当然［ ロ ］であるはずだ、ということでした。つまり日本国という国家の中心は［ イ ］だけれども、日本の国土の中心は［ ロ ］である。日蓮聖人も、日本国の立正安国という場合、国家という組織体よりも国土というものをやっぱり考えておられた。まずこの日本国という国土が穏やかに治まることによって、国家も国家組織も安楽に治められるようになる。

編集部注・「無残に破壊された焦土」とは関東大震災後の東京

（藤井日達著　山折哲雄編『わが非暴力・藤井日達自伝』春秋社より）

藤井日達

昭和８年（1933）、藤井日達がガンジーに対面したときガンジーが打ったという太鼓が、インド・ワルダの博物館に所蔵されています。そのときの様子を自伝『わが非暴力』に「やがて約束の 15 分間が過ぎようとするころになって、翁は私のもっている太鼓を取りあげました。『日本の宗教の祈りにはたいそう力強いものがあるんだね』といって自分で太鼓を打ちました」と記されています。

解説

【世界各地に仏舎利塔を建立】 藤井日達（一八八五～一九八五）は熊本に生まれ、日蓮宗大学（現・立正大学）を卒業してからは、京都・奈良で修行を重ね、大正七年（一九一八）一〇月に旧満州の遼陽に最初の日本山妙法寺を建立しました。第二次世界大戦前は大陸に開教しましたが、昭和五年（一九三〇）に日蓮の遺命を果たすためインドに渡り、仏教復興の事業に着手。戦後は平和運動に転じ、日本国内はもとより世界の各地に次々と仏舎利塔を建立し、戦争反対、核軍備反対の先頭に立った人です。

【日達の国土観】 日達はしばしば「日本国家には天皇という中心が存在すると同様に、日本という国土にも中心がなければならない、それがすなわち富士山である」といっています。この富士山を中心とする日達独自の国土観は、天皇崇拝に根差す国家観とともに、重要な意味をもっていたと考えられます。

【日達の国際的感覚】 日達の伝道活動は広く、中国大陸からインド、スリランカ、ネパール、イギリス、アメリカ、ソ連にまで足跡をのばしています。現地に溶け込み、平和を訴えて、仏塔をその地に建立するための行脚・折伏の旅でした。時に、ベトナム反戦や反核の大衆運動と手を結び、他方で人種差別撤廃運動に支援の手をさしのべてきたのも、日達のそうした信念を現実の政治の場面で実現しようとしたからなのでした。

イ：皇室　ロ：富士山

問 64

内村鑑三《うちむらかんぞう》

無教会主義を掲げたキリスト教徒、内村鑑三が優れた日本人の存在を知らしめようと執筆した『代表的日本人』の一人に日蓮をあげ、独自の信仰を切り開く自らに引きつけて深い共感をもって綴っています。誠実で独立した五人の人物を取り上げ、その中の一人としたのです。次にあげるのはその中の一節です。

そこで日蓮から［イ］世紀という時代の衣装と、批判的知識の欠如と、内面に宿る異常気味な心（偉人に皆ありがちな）とを除去してみましょう。そのとき、私どもの眼前には、まことにすばらしい人物、世界の偉人に伍しても最大級の人物がいるのがわかります。私ども日本人のなかで、日蓮ほどの［ロ］人を考えることはできません。実に日蓮が、その創造性と［ロ］心とによって、仏教を日本の宗教にしたのであります。

（内村鑑三著、鈴木範久訳『代表的日本人』岩波書店より）

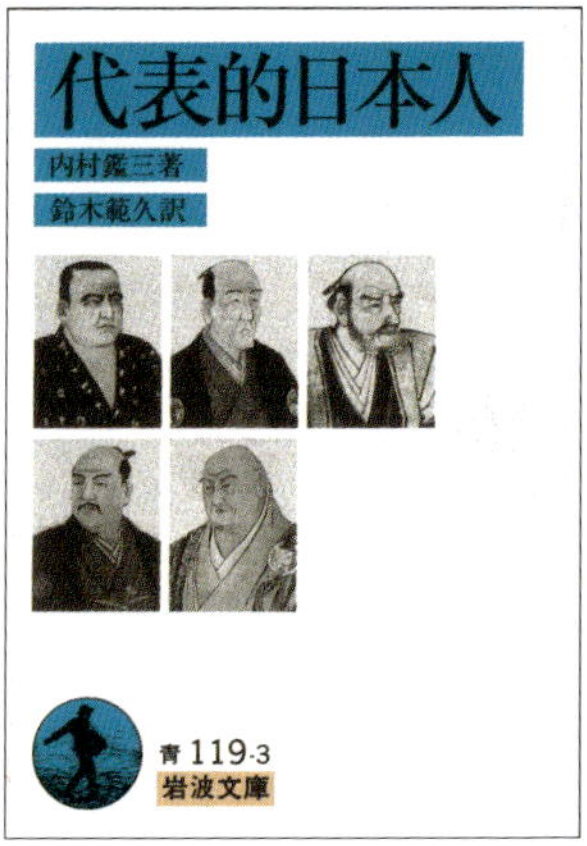

内村鑑三著、鈴木範久訳『代表的日本人』岩波書店

岩波文庫『代表的日本人』は、明治 41 年（1908）英語で刊行された『Representative Men of Japan』の日本語訳です。西郷隆盛、二宮尊徳、上杉鷹山、中江藤樹、日蓮の 5 人を誠実で独立した人物として取り上げています。

解説

【日蓮】「普遍的な『法』にもとづき、権力や人によることなく生きる必要を説いた日蓮こそ、内村の仰ぐ人物であった」と『代表的日本人』巻末の解説は記しています。そして「日蓮上人—仏僧」の冒頭は、次の文章から始まっています。

「宗教は人間の最大関心事であります。正確に言うならば、宗教のない人間は考えられません。私どもは、自分の能力をはるかにこえる願いごとをもち、世の与えうるよりも、はるかに多くのものを望むという、妙な存在なのです。この矛盾を取り除くためには、行動はともかく、少なくとも思想の面で何かをしなければなりません」

【理想の宗教者】内村鑑三は万延二年（一八六一）に生まれ、アメリカに留学し西欧の学問やキリスト教に親しみますが、反面、愛国の熱情は強く、歴史上の優れた日本人に引き付けられていきました。巻末の解説には、一七歳で洗礼を受け、後に独自の創出による無教会主義を提唱したキリスト教徒である内村にとって、≪「日蓮」は、経歴において共通点が少なくなく、みずから日本における「キリスト教の日蓮」たらんとの志が窺われる≫と記されています。

内村は、日蓮こそが「しんそこ誠実な人間、もっとも正直な人間、日本人のなかで、この上なく勇敢な人間」であり、その書を「闘争好きを除いた日蓮、これが私どもの理想とする宗教者であります」と結んでいます。

イ：一三　ロ：独立

問65

宮沢賢治《みやざわけんじ》

『風の又三郎』『銀河鉄道の夜』『グスコーブドリの伝記』といった詩情溢れる作品を残した宮沢賢治は、作家や詩人であったと同時に思想と行動の人でした。法華経を信奉し、熱心な宗教活動も行い、また農学や化学の学識を農作業に活かそうと奮闘したのです。法華経に基づく「利他」の精進を実践した生涯でした。

東京で遺書《いしょ》を書いてから賢治《けんじ》は一冊《さつ》の［イ］にいろいろなことを書きました。この［イ］も死んでから見つかったのですが、一つも思いあがったようなものはなく、心からざんげしているものだけです。『雨ニモマケズ』などもその一つですが、ほんとうに自分《じぶん》ではできなかったので、「ソウイウモノニ　ワタシハ［ロ］」と書いたのでしょう。

「カノ肺炎《はいえん》ノ　虫ノ息《いき》ヲオモエ。汝《なんじ》ニ恰《あたか》モ相当《そうとう》スルハ　タダカノ状態《じょうたい》ノミ。他ハミナ　過分《かぶん》ノ恩恵《おんけい》ト知レ。」というのや「くらかけ山の雪　友ひとりなく」とか、気《き》の毒《どく》なのがたくさんあります。

（宮沢賢治著『雨ニモマケズ』宮沢清六執筆「兄・賢治の一生」岩崎書店より）

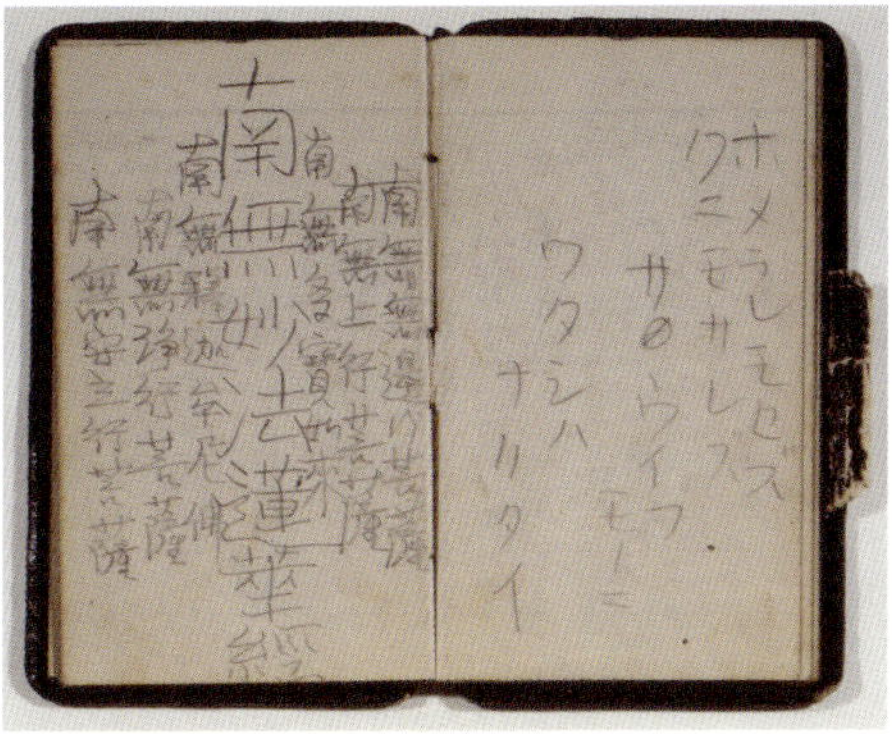

宮沢賢治の直筆手帳

賢治の亡くなる少し前、病床で書いた黒表紙の小型の手帳があります。左は「雨ニモマケズ」の詩を９ページにわたって綴った最後の部分ですが、次ページに日蓮の曼荼羅本尊が賢治の手によって筆写されています。

資料提供　林風舎

解説

【雨ニモマケズ】　『雨ニモマケズ』は宮沢賢治の没後、残されたトランクのフタの裏ポケットから発見された手帳に書付けてあった詩です。病気の人には看病してあげたい、農婦の重い稲の束を代わって背負いたい、死に瀕している人には恐がらなくてもよいといってあげたい、喧嘩や訴訟は止めに行こう……。自分はできなかったから「ソウイウモノニ　ワタシハ　ナリタイ」と書いたのでしょうと、弟の清六さんは綴っています。

また、詩の中には「ミンナニデクノボートヨバレ」という一句があり、デクノボー（木偶の坊＝役に立たないもの）は法華経に登場する常不軽菩薩を指すのではないかという研究もあります。

【法華経との出合い】　明治二九年（一八九六）に岩手県・花巻に生まれ、生家は熱心な浄土真宗でしたが、賢治は盛岡の高等農林学校時代に法華経に出合い、大正一〇年（一九二一）上京して、田中智学に傾倒して国柱会に入会します。妹トシの病気を契機に故郷に帰り「羅須地人協会」をつくり、農業を支援します。自分を省みない過酷な活動がもとでわずか三七歳という短い生涯を閉じました。

冒頭の「遺書」とは、亡くなる一年前、仕事で上京した東京で書いた故郷の父母などへ当てた短い手紙です。その末尾は「どうかご信仰というのではなくても、お題目で私をお呼び出しください。そのお題目で絶えずおわび申し上げてお答えいたします。」と結ばれています。

イ：手帳　ロ：ナリタイ

問 66

石原莞爾《いしわらかんじ》

第二次世界大戦に関わった日蓮を信奉する軍人の中でも、後々まで絶大な影響力を及ぼし、多くの心酔者を獲得して日蓮系国家主義のシンボルとなったのが石原莞爾です。この、旧日本陸軍が生んだ特異の軍事思想家・石原に日蓮が与えたものは何だったのでしょうか。

石原は、その回想のなかで、入信の動機について、「日蓮聖人の［イ］が私を心から満足せしめたから」あるいは「仏の［ロ］の適中の妙不可思議が、私の日蓮聖人信仰の根底である」と言い、ことに日蓮の「『前代未聞の大闘諍一閻浮提に起るべし』は私の軍事研究に不動の目標を与えたのである」と記しているように、日蓮教の［イ］、終末観、あたかも宗教改革後のカトリック布教僧が持ったような軍隊的組織と戦闘精神は、軍人としての立場から発した彼の要求を充分に満足させるものだったのである。

（秦郁彦著『軍ファシズム運動史』河出書房新社より）

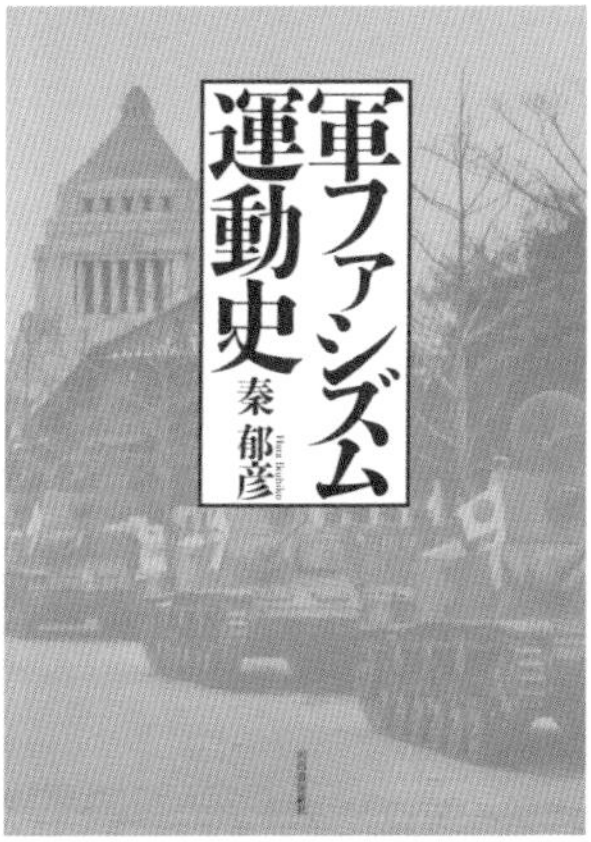

秦郁彦著『軍ファシズム運動史』

五・一五事件、二・二六事件を軸に陸軍の歴史が記録されている貴重な軍事史。右ページの記述は１章を立ててまとめられた「評伝･石原莞爾」において、日蓮への信仰について記された一節です。

1962年９月に初版が発行され、72年に増補再版。2012年KAWADEルネサンスとして新資料を追加して復刊されています。

解説

【日蓮信仰者としての行動】 石原莞爾について入江辰雄は著作の中で「満州事変は永久平和への熱願によるものであり、石原は『ただひたむきに（日蓮）大聖人のお示しを直接うけたまわって』といっていた信仰者であった」と述べ、石原の日蓮信仰者としての実践行動を知れば〝満州事変の首謀者〟との評価は認識不足と指摘しています。

石原莞爾は明治二二年（一八八九）、山形県鶴岡に生まれました。明治三八年（一九〇五）に陸軍中央幼年学校に入学した頃から、田中智学より日蓮の烈々たる気迫や数々の予言、法難の話を聞いて大いに感動し、熱心に日蓮を研究したといいます。

天皇に忠誠を尽くす帝国軍人として、国体の護持こそ唯一無二とする石原にとって、日蓮の法華経至上主義的生き方とはズレがありましたが、その橋渡しをしたのが田中智学の国体観です。法華経の全世界伝道を通じて、天皇が世界の盟主となる、ということを石原は自らの宗教的体験の中で確信していったのです。

【法華経への熱烈な信仰】 戦史研究と法華経への熱烈な信仰から構想された『世界最終戦論』は、日本が最終的に勝利すれば法華経のいう「一天《いってん》四《し》海《かい》皆《かい》帰《き》妙法《みょうほう》」の恒久的な平和社会が実現するというものです。石原の思想は、戦中・戦後と複雑な軌跡をたどりますが、法華経と日蓮の予言に対する信仰だけは不動でした。東条英機と対立して予備役となり、病気のため戦犯指定を免れました。

イ：国体観　ロ：予言

問 67

石橋湛山《いしばしたんざん》

石橋湛山は、就任したばかりの内閣総理大臣の座を病を得て即座に降りた潔さが印象的ですが、その本質は政策論にあります。政治の表舞台に立ったのは第二次大戦後ですが、ジャーナリストとして政治・外交・経済の直面する課題について書いた記事の政策提言は革新性に満ちており、今なお新鮮です。

湛山は早熟の天才ではなく、大器晩成のタイプだった。そして［イ］の分野から新領域に踏み込んだとき、日蓮宗の仏門の出であること、早大でプラグマチスト田中王堂に強い影響を受けたことなどが、政治・経済問題研究にうってつけの土壌を形成していたといえる。（中略）湛山自身は、

「私はもともと宗教家として働くつもりで、ために学校でも［イ］科を選んだ。東洋経済新報社に入社したのも……経済記者としてではなかった。私は今でも有髪の［ロ］のつもりであって、職業は別の世界に求めたとはいえ、宗教家たるの志は、いまだこれを捨てたことはない」と書いている。

（小島直記著『気概の人　石橋湛山』東洋経済新報社より）

昭和 31 年の石橋湛山。中落合自邸にて

この時 72 歳。明治 17 年（1884）から始まった生涯は昭和 48 年（1973）88 歳で幕を閉じました。池上本門寺で密葬。約 2 週間後に自由民主党葬が築地本願寺で行われました。

解説

【仏門の出】 右の文章は、「彼（湛山）が社会にかかわる場合の宗教的姿勢（いいかえるならば全人間的関与《ヒューマン・コミットメント》）が彼の経済学の根底にあることを見失ってはならない」という長幸男編『石橋湛山――人と思想――』（東洋経済新報社）からの引用に続いています。

湛山の父は日蓮宗の僧侶、身延山久遠寺第八一世法主を務めた杉田日布です。石橋は母方の姓。明治二七年（一八九四）両親の元を離れ、甲斐・若草（山梨県南アルプス市）長遠寺《じょうおんじ》の望月日謙に預けられます。早稲田大学哲学科に進み首席で卒業。一年間志願兵の経験等を経て東洋経済新報社に入社、経済学の本を原書で数多く読破。健筆をふるい、各方面に強い影響力を持ちました。

【小日本主義】 湛山が「大日本主義」「満州放棄論」の記事を書いたのは大正元年（一九一二）のこと。そこで展開したのは政党の帝国主義批判であり、その後、朝鮮・台湾・樺太などの植民地支配や第一次世界大戦参戦反対などを、民主主義と経済理論の両面で説きました。この「小日本主義」の思想は現在もなお注目されています。

内閣総理大臣に就任したのは昭和三一年（一九五六）。「一千億減税・一千億施策」を掲げましたが、病を得て二か月余で退きました。

一方、昭和二七年（一九五二）から六年弱にわたり立正大学長も務めました。ここでも、若い経済学者たちと月一回勉強会を持つなど晩年まで活動は衰えを知りませんでした。

イ：哲学　ロ：僧

問
68

土光敏夫《どこうとしお》

一九八八年九一歳で世を去った土光敏夫は、石川島重工業（現ＩＨＩ）を皮切りに高度成長期をリードした伝説のビジネスマン。八五歳の年に請われて政府の第二次臨時行政調査会長に就任し、畏敬を込めて「行革の鬼」と呼ばれた人です。「備前法華」の地岡山県に生まれ、幼いころから法華経に親しみ、「今、日蓮」といわれた経済人としても有名な人物でした。

「苟日新　日日新　又日新」（「まことに日に新たに　日日に新たに　また日に新たなり」）

これを略して「又新《ゆうしん》」という。土光さんの座右《ざゆう》の銘《めい》であり、この語句を好んで書いた。

（中略）

土光さんにとっても「常に日々　イ　に生きていくことこそ人間として価値がある」と考え、その言葉を人生訓としてさまざまな　ロ　に立ち向かったに違いない。

（浜島典彦著『清貧の人　土光敏夫―その信念と家族の絆―』大法輪閣より）

浜島典彦著『清貧の人　土光敏夫―その信念と家族の絆―』大法輪閣

地涌塾星光喩塾長の勧めで、浜島典彦身延山大学長が書き下ろした、土光敏夫伝。土光家の菩提寺である神奈川県鎌倉市・安国論寺の玉川覚祥師や土光敏夫の郷里、岡山県岡山市・日應寺山本勝也師らの協力を得て取材を重ね、土光家の家族の信仰生活にも踏み込んだ一書となっています。

解説

【又新】「又新」は中国・殷の湯王の言葉で、湯王はこれを洗顔する器に刻み、毎朝自戒したという古事によっています。土光敏夫は、日本経済新聞『私の履歴書』に、「又新」を最も好きな言葉と綴った後に、こう記しています。

「私もこれを銘として、毎朝、『きょうを精一杯生きよう』と誓うのだが、凡人の浅ましさ、結果としてはうまくいかない日の方が多い。しかし、少なくとも『この一日が大事である』という思いだけは自覚しているつもりであるし、しくじった時は、その日のうちに反省して悔いを翌日に持ち越さないようにしている。その区切りとして、毎朝と毎就寝前、二、三十分、お経を読む。つまり、それでしくじりをカンベンしてもらうわけである。」

【お経】明治二九年（一八九六）、岡山県大野村に生まれた土光敏夫は石川島重工業・石川島播磨重工業の社長、東芝社長・会長を歴任し、また経団連（日本経済団体連合会）の会長を務めました。

土光家は代々の備前法華で、母の登美はわけても熱心に活動し、また女子教育を志し、女学校「橘学苑」の設立に漕ぎ着ける力強い女性でした。『清貧の人　土光敏夫』の「宗教について」の項には、「土光さんのお経はあまり長くなく、二〇分ぐらいだった。仕事が忙しかったからであろう。お経を読んだ後、外まで聞こえるほどの音声で朗々とお題目を唱えていた。」と記されています。

イ：前向き　ロ：困難

地獄と仏界

重須殿女房御返事にいわく……

そもそも地獄と仏とはいずれの所に候ぞとたずね候えば、或は地の下と申す経もあり、或は西方等と申す経も候。しかれども委細にたずね候えば、我等が五尺の身の内に候とみえて候。さもやおぼえ候事は、我等が心の内に父をあなづり、母をおろそかにする人は、地獄その人の心の内に候。譬ば蓮のたねの中に花と菓との、みゆるがごとし。仏と申す事も我等の心の内におわします。

宛先人の重須殿女房とは、駿河国富士郡重須郷（富士宮市北山）に居住していた石川新兵衛入道の妻。この手紙は、その妻から送られてきた餅や菓子などの供養への礼に添えて、仏や地獄について教える内容になっています。

当時、地獄界とは一般に地中深いところにある世界とされ、一方、仏界は西方の極楽浄土にあると信じられていました。その背景に源信・法然・親鸞などの念仏の教えがあるのはいうまでもなく、地獄界といえば地中彼方、仏界といえば西方浄土というのが、いわば常識となっていたのです。

そういう中にあって、「そうじゃない！　地獄界も仏界もそんなところにあるんじゃない」といったのが日蓮でした。では、どこにあるのか。日蓮は「我等が五尺の身の内に候とみえて候」といいます。すなわち、地獄も仏も心の内にある、というのです。

更に続けて、「なるほどと思い当たる節をいえば、父を軽蔑し母を無視するとき、地獄は他所ではなく、その人の心の内にあろう」といっています。この世の最大の恩人であり、わが生命の源泉でもある両親を侮れば、自らの生命を傷つけることになり、心のうちはすでに地獄になっている、というわけです。地獄は他所にはあらず、人の心の内にあり。襟を正される言葉です。

7章

日蓮宗寺院のたたずまい

問 69

身延山久遠寺《みのぶさんくおんじ》

日蓮が晩年を身延山（山梨県身延町）で過ごした九か年は、もっぱら弟子の指導をはじめ、手紙による信者の信仰指導にあたっています。身延山に創建された寺はのちに「久遠寺」と名づけられました。日蓮の遺骨を安置しています。

日蓮聖人は、文永十一年（一二七四）三月二十六日、佐渡流罪を赦《ゆる》されて鎌倉へ戻り、同四月八日、改めて幕府に対し三度目の［イ］を行った。しかしこの時も受け入れられなかったため、「三度諌《いさ》むるに用いずば［ロ］に交わるべし」との故事に倣い、かねて波木井《はきい》の領主南部実長公《なんぶさねながこう》より招きのあった［ハ］へ赴くこととなった。同年五月十二日に鎌倉を発ち、同十七日には身延にご到着、一ヶ月後の六月十七日、実長公の寄進によって三間四面の草庵《そうあん》が完成し、この日を以て身延山の開創・開闢《かいびゃく》としている。御歳五十三歳の時であった。

（日蓮宗全国本山会監修『日蓮聖人とお弟子たちの歴史を訪ねて—日蓮宗本山めぐり—』日蓮宗新聞社より）

久遠寺菩提梯《ぼだいてい》

三門から本堂への287段の石段は菩提梯と呼ばれます。菩提という言葉には心の迷いを断ち切り仏果を得ることという意味もあるので、菩提への梯（かけはし）を表すとされています。

解説

【久遠寺】 日蓮宗の総本山で、身延山・妙法華院《みょうほっけいん》・久遠寺と称します。日蓮は文永一一年（一二七四）五月一七日、領主・波木井南部実長の招きによって入山し、六月一七日には草庵を構えたので、この日をもって身延山開闢としています。

晩年の九か年をこの地で過ごした日蓮は、仏国土の建設は未来に託し、それにそなえて弟子の育成に努めるとともに、人生の無常に泣き、苦難にあえぐ信徒たちに接しては、共感の思いを込めて慰めと励ましの言葉を書きつづっています。これら書簡は情感あふれる名文で、後の世にまで、人々の感動を呼ぶ教書となっています。

【日蓮入滅後の身延山】 日蓮の百カ日忌に際して、久遠寺は教団の本拠として六老僧を中心に、日蓮の墓所を毎月輪番で守ることになりました。しかし弟子たちは、日蓮没後の教団をそれぞれの地で固めていかなくてはならない重要な責務を帯びていたため、思うように登山《とざん》することは困難なことが多く、やがて日興と日向《にこう》が常住するようになりました。

その後、日蓮の教えを厳格に守ろうとする日興は、領主波木井実長と意見が合わず離山したことから、久遠寺は日向の法脈（身延門流）によって継承されていきました。この日興離山により、身延山を中心とする教団体制は変容していき、日興・日昭・日朗・日向・日常らを派祖とする門流が各地に分立して今日に至っています。

イ：諫暁《かんぎょう》　ロ：山林　ハ：身延山

問 70

池上本門寺《いけがみほんもんじ》

日蓮入滅の地である池上（東京都大田区）に建立された「池上本門寺」は、日蓮宗の大本山の一つとしてよく知られています。また池上の地には日蓮宗宗務院があります。

宗祖ご入滅の霊跡。日蓮聖人の［イ］に行われるお会式《えしき》で有名。地頭・池上右衛門太夫宗仲《たいふむねなか》が寄進した寺域に七堂［ロ］が建ち、境内は参詣者でいつもにぎわっている。身延山久遠寺・中山法華経寺と共に三頭、また京都妙顕寺・同本圀寺《ほんこくじ》を加えて［ハ］とも称され、比企谷《ひきがやつ》妙本寺・中山法華経寺とで関東三本山とも呼ばれる。

（日蓮宗全国本山会監修『日蓮聖人とお弟子たちの歴史を訪ねて―日蓮宗本山めぐり―』日蓮宗新聞社より）

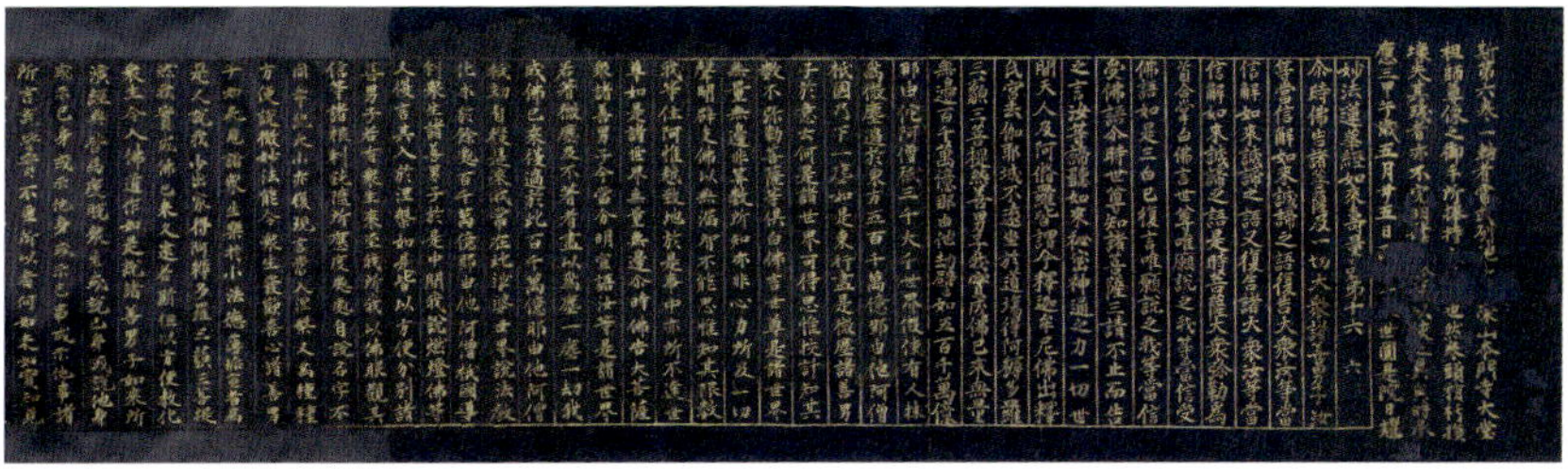

御尊像のお手持ち経

平安時代末期の装飾経で日蓮の遺物といわれます。巻頭の第 18 世日耀による修理銘に「大堂祖師尊像之御手所捧持」とあり、昭和 39 年まで祖師像の左手に捧持されていました。

解説

【縁起】 齢六〇を超え病がちの日蓮は常陸での湯治を目的として身延を旅立ちますが、途中、武蔵国千束郷（東京都大田区）の有力檀越、池上宗仲の館まで来て死期を悟ります。高弟たちに後事を託して、弘安五年（一二八二）一〇月一三日入滅。

それに先立つ八年前に、宗仲は一寺建立を願い、日蓮から「長栄山本門寺」の寺名を与えられたと伝わります。入滅後、宗仲はおよそ七万坪の寺域を献じて日朗に託します。日朗は鎌倉比企谷（神奈川県鎌倉市）の長興山妙本寺と、ここ池上本門寺を預かりました。両寺は後に日朗の弟子日伝による下総小金（千葉県松戸市）の長谷山本土寺とともに日朗門流の三長三本として隆盛に至りました。

【お会式】 一〇月一三日をご正当として三日間にわたって行われるお会式は盛大をきわめます。御逮夜法要の大堂は全国から集まる参詣者で埋め尽くされ、午後六時ころから始まる万灯練り行例では講中百数十、総勢三〇〇〇人におよぶ行列が深夜まで練り歩き、数十万人の参詣で賑わいます。その模様はインターネットでもライブ中継されています。

境内には、五重塔をはじめとするすぐれた建築物、霊宝殿の日蓮の遺物や真筆など見所も多く、また奥に広がる松濤園は西郷隆盛と勝海舟が談合した場所であり、墓地には狩野探幽、英一蝶、幸田露伴、力道山、七代目松本幸四郎、市川雷蔵、中村八大など古今の芸術家や有名人の墓所も多くあり、散策を楽しむ人が絶えません。

イ：ご命日　ロ：伽藍《がらん》　ハ：五大本山

問 71

誕生寺《たんじょうじ》・清澄寺《せいちょうじ》・鏡忍寺《きょうにんじ》

日蓮降誕のゆかりの地に建つ「誕生寺」。日蓮が出家得度した霊蹟であり、末法の世を救済しようと立教開宗を行った「清澄寺」。四大法難のうち殉難者を出すなど凄惨だった小松原法難の霊蹟に建つ「鏡忍寺」。千葉県房総の鴨川市に創建された霊蹟の名刹三寺を紹介します。

聖人は十二歳のときに清澄寺に登られ、道善御房《どうぜんごぼう》を師匠として学問に励まれて出家得度。世情の乱れから［イ］のあり方に疑問を抱かれ、当山（編集部注・清澄寺）に奉安されている［ロ］菩薩《ぼさつ》に「日本第一の智者《ちしゃ》となし給《たま》へ」と祈願、満願の日に智慧《ちえ》の宝珠《ほうじゅ》を授けられる。この後、鎌倉より近畿地方に遊学に出られ、十有余年の間、諸宗《しょしゅう》を研鑽《けんさん》、お釈迦さまの本意は［ハ］にあり、末法救済は［ハ］・お題目に限ると覚られた。

（日蓮宗全国本山会監修『日蓮聖人とお弟子たちの歴史を訪ねて―日蓮宗本山めぐり―』日蓮宗新聞社より）

誕生寺仁王門

日蓮生誕の地である千葉県鴨川市小湊の誕生寺の山門は、左右に立派な仁王像が立つ仁王門。宝永３年（1706）建立の間口８間の大門で、平成３年に大改修をされました。山内には釈尊の前世からその生涯までを描いた壁画や、天女の天井画など見所が多数あります。

解説

【誕生寺】 日蓮は、貞応《じょうおう》元年（一二二二）二月一六日、小湊片海の地（千葉県鴨川市小湊）に誕生しました。幼名を善日麿《ぜんにちまろ》といい一二歳のころ初等教育を受けるために、ここから清澄寺に入山します。

文永元年（一二六四）、日蓮四三歳の時に、母・梅菊を見舞い、病気平癒を祈願し蘇生させます。延命した梅菊はそれを記念し、「菩薩荘厳堂」を創建。その後直弟子日家が建治二年（一二七六）一〇月、聖人生家跡に一宇を建立し、高光山日蓮誕生寺と称したのが小湊山誕生寺の始まりです。

【清澄寺】 千光山清澄寺はおよそ一二〇〇年前、〝不思議法師〟と名付けられた僧侶が千光を発する柏の木で虚空蔵菩薩像を彫り、修行したことに始まります。日蓮は一二歳のときに小湊から清澄寺へ入り、道善房に師事し出家得度しました。日蓮はさらに鎌倉・比叡山・高野山などへ遊学し、各宗の奥義を学び、建長五年（一二五三）三二歳のとき清澄寺に戻り、旭が森山頂でお題目を唱え立教開宗の第一声をあげました。この頃、名前を「日蓮」に改めたとされます。

【鏡忍寺】 伊豆法難を赦免された日蓮は、病の母を訪ねて久しく訪れていなかった故郷・小湊に戻っていました。その滞在中に起こった「小松原法難」で殉難した弟子の鏡忍房と天津の城主・工藤吉隆の菩提を弔うため、弘安四年（一二八一）に建立したのが小松原山鏡忍寺です。

イ：仏法　ロ：虚空蔵《こくうぞう》　ハ：法華経

問 72

本圀寺《ほんこくじ》

建長五年（一二五三）八月、日蓮は鎌倉名越の松葉谷に草庵を結び、法華堂と呼びました。その後流罪地の伊豆からこの草庵に戻ると山号を「大光山」、寺号を「本国土妙寺」と称し、宗門史上最初の寺となったとされます。これが後、京都に移り大本山本圀寺（京都市山科区）となります。

京都で最初に開創された四条の妙顕寺傘下の寺々を四条門流というのに対し、本圀寺のそれは［ イ ］と称され、六百余を数えるまでに発展する。

また、鎌倉以来、三箇の霊宝といわれる立像の釈迦像と、日蓮聖人御自筆の立正安国論、それから、伊豆、［ ロ ］、佐渡御流罪の［ ハ ］状を格護し、立像の釈迦像には、参拝の人がひきも切らぬ有様だったという。

当時、京都には、日蓮門下の本山が二一箇寺もあり、「丈方題目の巷となる」といわれる盛況を呈していた。

（浅井靖子著『日蓮宗の寺めぐり』「京都　本圀寺」宝文館出版より）

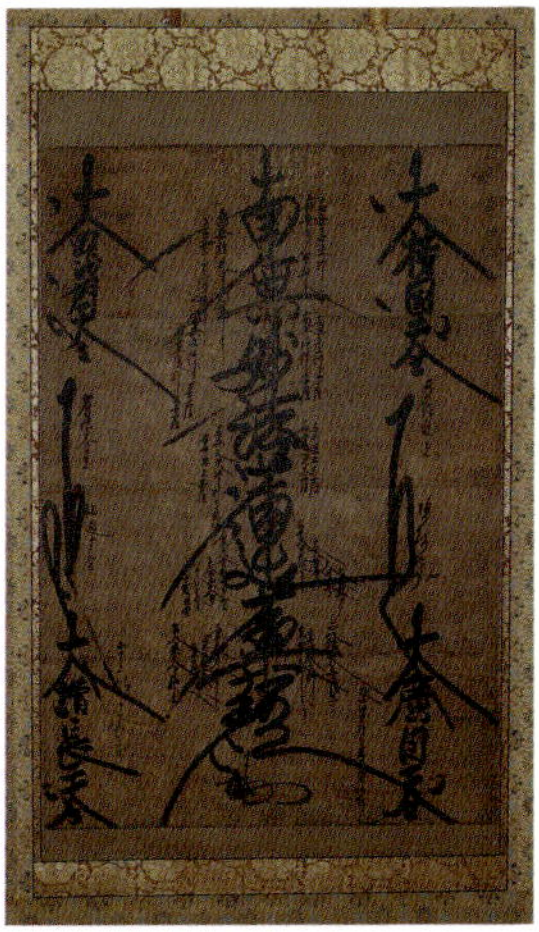

日蓮聖人御真筆の大曼荼羅六軸中の「輪宝の御本尊」

本圀寺の「輪宝の御本尊」は、二祖·日朗が授かって奉持していたもので、後に日朗が着ていた輪宝紋の袈裟で表装されたので、この名が付きました。本紙が丈約120cm、幅約65cmの三枚継ぎの大曼荼羅です。

解説

【京都の本圀寺】 鎌倉における大光山本国土妙寺は、日蓮の生涯のなかで布教伝道の中心となる二二年にわたる立正安国の国諫《こっかん》運動を展開した、最も大切な布教の根本道場です。日蓮の身延入山、入滅後は、日朗・日印・日静が、時の幕府の強圧とたたかいながら布教の使命遂行にあたりました。

鎌倉幕府滅亡後、政治の中心が鎌倉から京都に移ります。それとともに、貞和元年（一三四五）三月、日静によって京都六条の地に「本国寺」として移遷されるに至りました。なお、「本国寺」が「本圀寺」と改称したのは江戸初期に徳川光圀が当寺を参詣したことが契機と伝えられます。

【天文《てんぶん》の法難】 やがて京都には、日蓮門下の本山が二一か寺となるなど、盛況を呈するようになってきたことから、京都の鎮護寺であると自負していた比叡山と対立。天文五年（一五三六）、三月、法華宗と比叡山との松本問答を発端として、比叡山は武力による法華宗弾圧に乗りだしました。いわゆる「天文法難」です。

七月には洛中の法華宗諸寺が襲撃され、比叡山の僧兵が二一か本山に火を放ったことで、洛中洛外を焼き尽くす惨事となりました。本圀寺も光厳天皇より賜った六条の寺領の伽藍を焼失。堺に避難し、再建は一〇年後のことでした。なお、本圀寺が現在の山科に移り、大本師堂が新築落成したのは昭和四六年（一九七一）のことです。

イ：六条門流　ロ：龍口　ハ：赦免

問73

根本寺《こんぽんじ》・妙照寺《みょうしょうじ》

日蓮が苦難のうちに二年半にもおよぶ流人生活を送った新潟県佐渡には、その苦難と偉業をしのぶべきいくつかの霊蹟（日蓮ゆかりの地）があります。なかでも日蓮謫居《たっきょ》の跡といわれる塚原の「根本寺」と、一谷《いちのさわ》の「妙照寺」はその代表的な寺院です。左の文章は根本寺について記しています。

（編集部注・根本寺は）佐渡第一謫居《たっきょ》・［イ］ゆかりの霊跡である。

聖人が佐渡へ流罪された当時、沢は深く草が生い茂り、死体捨て場として京都蓮台野《れんだいの》のような不気味さが漂っていたという。現在はひらけ、伽藍《がらん》も移されて大規模になったものの、町からは遠く、ときに寂《せき》りょうとした風が吹き抜ける。

日蓮聖人は文永八年（一二七一）十月十日、依智《えち》（神奈川県）の本間重連《ほんましげつら》公の館《やかた》を出発、十二日後に［ロ］（新潟県）へ到着した。同二十二日、有名な『［ロ］御書』を著した。同二十七日出船、にわかに暴風雨となったが、聖人が自我偈《じがげ》を読誦《どくじゅ》するや（このときの奇瑞・波題目《なみだいもく》と称する錦絵が有名）順風を得て佐渡［ハ］に無事到着した。

（日蓮宗全国本山会監修『日蓮聖人とお弟子たちの歴史を訪ねて―日蓮宗本山めぐり―』日蓮宗新聞社より）

「左洲流刑角田波題目（歌川国芳『高祖御一代記』）」
立正大学図書館所蔵

日蓮が荒天に翻弄される舟先に立って棹を取りお題目の７文字を水面に書いて荒波を鎮めた逸話を題材に描かれた図。水の上「南無妙法蓮華経」の文字が見えます。

解説

【根本寺】 山号を塚原山といい、かつては国仲（佐渡の中央に位置する）地域の死人の捨て場所だったと伝えられています。佐渡にたどり着いて最初に過ごしたのがこの塚原で、日蓮、五〇歳でした。文永八年（一二七一）一一月から翌年の四月半ばに一谷に移されるまで、「上は板間あわず、四壁はあばらに、雪ふりつもりて消ゆる事なし」（種種御振舞御書）という塚原の三昧堂で始まった生活も、阿仏房夫婦など心あたたかい人々の真心のこもった世話を受け、しのぐことができました。

いつまた日蓮を誹《そし》る人に害されるかもしれないという危機感が日蓮に筆を取らせます。なぜ仏の加護なく流罪になったのか、悩み考え、わずかひと冬で『開目抄』を書き上げました。このような苦難を乗り越え、翌年一月には、諸国から佐渡に集まった念仏者らと問答をたたかわせ（塚原問答）、日蓮はことごとく論破しています。

【妙照寺】 妙法華山妙照寺は、佐渡僻遠の地の一谷にある霊跡です。塚原から移った日蓮は、本間重連の家臣の近藤清久の預かりとなります。やがて清久は日蓮に帰服し、小高い丘に草庵を建てて遇しました。清久は念仏信者でしたが、日蓮の人格に接して、妻や使用人を仕えさせるほどになります。日蓮は『一谷入道御書』に「いかなる恩をも励むべし」と感謝を綴っています。日蓮はここで『観心本尊抄』を書き上げます。本書は天台大師の一念三千義に基づいた日蓮の真理探究の集大成ともいえる書です。

イ：塚原三昧堂《つかはらさんまいどう》　ロ：寺泊《てらどまり》　ハ：松ヶ崎

問 74

本門寺《ほんもんじ》

「本門寺」（静岡県富士宮市）は、山号を富士山と称し、今をさかのぼること七〇〇年前、六老僧の一人、日興が開創したお寺です。元は本門宗の祖山でしたが、現在は日蓮宗の大本山に列しています。北山本門寺ともよばれます。

日蓮聖人の七回忌の報恩会式後、六老僧の一人日興上人は、［イ］の祖廟を発った。正応二（一二八九）年には、壇越南条時光に請われ富士の上野に身を寄せ、翌年には祖師の御影尊像奉安のために大坊（現在の大石寺）を建立。また、悲願だった「富士山法華本門寺根源」の造立を目指し、重須の石川能忠・上野の南条時光の領主や、小泉法華衆の協力を得て、永仁六（一二九八）年に本堂・御影堂・垂迹堂が落成、「法華本門寺根源」の額を掲げ、長年、［ロ］（本門宗）の総本山として信仰を集めた。

（『別冊太陽　日蓮　久遠のいのち』「日蓮聖人をめぐる―ゆかりの寺院案内」平凡社より）

北山本門寺仁王門

本門寺（静岡県富士宮市北山）の隆盛を示すみごとな建築が多くあります。本堂の右手前には破門されて旅に出た後も毎年、お会式にだけは必ず登山したものの堂内には入らなかったという言い伝えの残る「日尊上人腰掛石」もあります。

解説

【北山本門寺】　霊峰富士の南麓、景勝の地、富士宮市北山にあります。日興の法脈を継承した富士門派に属し、静岡県の駿東《すんとう》地方に分布する西山本門寺、大石寺、下条妙蓮寺、小泉久遠寺とともに、同門流の「富士五山」を構成しています。また、さらに京都要法寺、伊豆実成寺、保田妙本寺と合わせて「興門八本山」の一つにも数えられています。正式呼称は法華本門寺根源といいます。

【日興の重須談所】　日興が身延を下りたのは宗祖七回忌を済ませた正応元年（一二八八）一二月のこと。南条時光、石川能忠の支援を得て重須に、本堂、御影堂、垂迹堂を建立し、ここを談所（檀所）として弟子の育成に後半生を捧げます。

日興没後も富士門流（本門宗）の本山本門寺として続いてきましたが、昭和一六年（一九四一）の三派合同により、日蓮宗の大本山寺院の一つとなりました。

【境内】　日興の愛した重須は今も深い森に包まれています。明治初期の廃仏毀釈や第二次大戦後の農地改革によって創建当時よりはるかに減少したという寺域はおよそ二万五〇〇〇坪と十分に広大です。建築物は修理や焼失を重ね、なかでも明治末の修理中に出火して、五重塔および本堂が灰燼に帰したのは惜しまれますが、今なお盛んに整備され、威風堂々たる伽藍が立ち並んでいます。

イ：身延　ロ：富士門流

問 75

法華経寺《ほけきょうじ》

「法華経寺」（千葉県市川市）は、正中山と号し、日蓮宗の大本山に列しています。法華経寺には『観心本尊抄』とともに、『立正安国論』が国宝として所蔵されています。地名にちなみ中山法華経寺とも称されます。

日蓮聖人が鎌倉に出て、法華経弘通をなされている正嘉元年（一二五七）より、国内は頻繁に大地震、疫病、飢餓等が起り、文応元年（一二六〇）聖人は仏教的な立場からその原因を究明し『［イ］』を著し、前執権職北条時頼に奏進された。その一ヵ月後、幕府役人、念仏僧等による襲撃、［ロ］に遭《あ》われ、聖人は大檀越《だいだんのつ》の下総八幡庄若宮の領主［ハ］公のもとに難を逃れた。同年八月、常忍公は自らの館に法華堂を建立、聖人は釈迦如来像を安置され、「妙蓮山法華堂《みょうれんざんほっけどう》」と号し開山入佛式を挙げられた。さらに同年暮れから翌年の春まで、宗祖が百日百座の説法を行なわれたことにより、本《ほん》化《げ》菩薩「初転法輪」の霊跡と称する。

（日蓮宗全国本山会監修『日蓮聖人とお弟子たちの歴史を訪ねて―日蓮宗本山めぐり―』日蓮宗新聞社より）

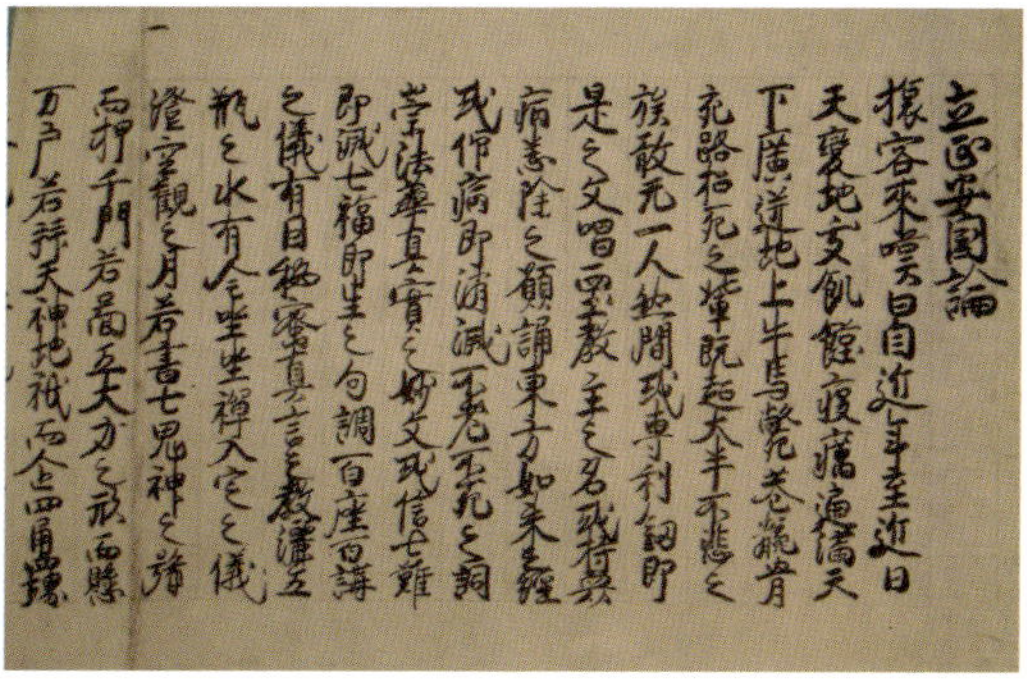

「立正安国論」

文永6年（1269）12月8日に、下総国の守護を勤める千葉氏の一族、八木式部太夫胤家が日蓮に『立正安国論』の書写を要請して、日蓮がこれに応じて写筆したもの。厚手の楮紙（ちょし）36枚継ぎ、縦29cm、全長15.98mに及び、各紙片の端に枚数を記しています。字体は、日蓮が正面から堂々と幕府を諫めたものなので、略字を用いず楷書で書き、厳しい調子が全体にあふれています。

解説

【法華経寺】　東国の社会における日蓮宗の発展は、鎌倉よりもむしろ農村部に顕著で、なかでも中山法華経寺は、早くから積極的な伝道活動を展開していました。

指導的な役割を果たしたのが、檀越といわれる富木《とき》常忍《じょうにん》や太田《おおた》乗《じょう》明《みょう》です。特に常忍は、日蓮のために、中山に隣接する若宮の自邸に法華堂を造営し、安息の場を提供するとともに、文吏であったため紙筆を提供して、その執筆を助けました。法華経寺に多くの日蓮の遺文が遺されているのは、その縁であるといわれています。

【日常と日高】　千葉氏に仕える武人だった富木常忍が建てた法華堂が、日蓮によって文応元年（一二六〇）に開堂（妙蓮山法華寺）されたのが法華経寺の縁起となります。太田乗明も館に持仏堂を建て、同様に日蓮が開堂供養をしています。乗明の一子は身延で日蓮に仕えた中老僧、日高です。

弘安五年（一二八二）に日蓮が入滅すると、常忍は出家して常修院日常と名乗りますが、その一七年後に亡くなります。その時、法華寺を日高に託したため、日高は父の館跡に創建した本妙寺と併せて「本妙・法華寺」両山一主制をとりました。

さらに日高没後に三祖として入山したのは、かつての常忍の主家千葉氏の千葉胤貞の子息、日祐でした。日祐は千葉氏の後援を得て、法華経寺と中山門流を大きく発展させました。

イ：立正安国論　ロ：松葉谷法難　ハ：富木五郎常忍《つねのぶ》

問76

實相寺《じっそうじ》

「實相寺」（静岡県富士市）は、日蓮が経蔵に入って一切経《いっさいきょう》を読破し、『立正安国論』執筆の構想を練った寺として有名です。縁由としては久安元年（一一四五）、鳥羽法皇が比叡山・横川の智印法印に命じて建立した勅願の古刹でした。創立当時は敷地が一里四方に及び七堂伽藍が甍を並べていたといいます。

聖人が、布教を始めてから間もなくの正嘉・正元（一二五七～六〇）の頃、大地震、大洪水、飢饉《ききん》、疫病《えきびょう》などの天変地夭《てんぺんちよう》が相つぎ、戦乱も絶えなかった。聖人はこのような事態を大いに憂え、その原因と解決策を探るべく当山の「　イ　」へ入られた。ここには高僧円珍《えんちん》が　ロ　（編集部注・中国）から請来《しょうらい》した二組の一切経のうちの一組が格護《かくご》されていた（もう一蔵は近江の三井寺《みいでら》に安置）。現在の　ハ　には大海版六百余冊があり、平成二十一年、（編集部注・富士）市の文化財に認定されている。

（日蓮宗全国本山会監修『日蓮聖人とお弟子たちの歴史を訪ねて―日蓮宗本山めぐり―』日蓮宗新聞社より）

一切経蔵

祖師堂からさらに石段を上りつめると一切経蔵が現れます。ここには西伊豆の松崎出身で三嶋大社の彫刻を手がけたことでも知られる小沢半兵衛のクスノキ材一木彫「七福神」があります。本堂脇にある日蓮の銅像は高村光雲の作です。

解説

【實相寺】 岩本山實相寺が広く知られるようになったのは、日蓮が實相寺において『立正安国論』の草案を書いた史実が伝わっているからです。日蓮が偉大な宗教家として大きくはばたくきっかけとなった寺であります。

實相寺は平安時代の久安元年（一一四五）、鳥羽法皇の勅命により建立されたと伝わります。正嘉二年（一二五八）のころに日蓮はここの一切経蔵に入り思索に努めます。日興、日持、日朗が日蓮に近侍し、この地で師弟の縁を結びました。

【日蓮宗への改宗】 建治二年（一二七六）、当時の實相寺の学頭、智海法印が日蓮に帰依し、一山を挙げて日蓮宗へ改宗。智海法印は日源と名を改め、日蓮を實相寺の開祖とあがめ全山を日蓮に捧げたとされます。

後に日蓮宗中老僧の一人に数えられる日源は九州に和紙の製法を広めたり、碑文谷の法華寺、谷中の感応寺、雑司ケ谷の法明寺などの江戸の寺院を開きました。

時代は下り永禄一一年（一五六八）、實相寺は甲斐の武田信玄によって焼き払われ、経蔵だけが残りました。慶長年間に日恒によって復興されるものの、以後幾度も災害に見舞われました。その都度四条、三沢、南条、西山、松野、内房、波木井といった有力な信徒が再建して今日に至っています。

イ：一切経蔵　ロ：唐　ハ：経蔵

問 77

妙本寺《みょうほんじ》

鎌倉の妙本寺は、日蓮に帰依した比企能本（大学三郎）が営んだ法華堂に始まります。日朗が、その後を引き継いで妙本寺の基礎を固め、鎌倉を中心に各地に教えを広めました。七百有余年の歴史を物語るように、鎌倉市街からほど近くにありながら、境内は静寂なたたずまいを見せています。

比企谷の名さながらに、緑に包まれた深い谷奥に大伽藍《がらん》が点在している。総門をくぐって参道を進むと、二天門の奥に祖師堂があり、鎌倉時代造立の［イ］木像が祀《まつ》られる。この木像は、［ロ］作の一木《ぼく》三体《たい》（同木から三体を刻む）の像で、聖人の壮年期のお姿を現し、聖人ご在世中に謹刻、御自ら開眼されたことから「寿像《じゅぞう》の祖師《そし》」と称されている。

霊宝殿には、日蓮聖人から日朗聖人に授与され、ご入滅の折に掲げられた「［ハ］」と呼ばれるご本尊、新釈迦堂のご本尊であった釈迦如来立像《にょらいりゅうぞう》等を安置する。本堂に安置する釈迦如来坐像は室町時代初期の作である。また杉木立の美しい境内には、蛇苦止《じゃくし》堂《どう》、新釈迦堂跡、将軍頼家《よりいえ》の子一幡《いちまん》の袖塚《そでづか》、比企一族の墓所などの旧跡があり、多くの人々を魅了してやまない。

（日蓮宗全国本山会監修『日蓮聖人とお弟子たちの歴史を訪ねて―日蓮宗本山めぐり―』日蓮宗新聞社より）

緑陰の比企谷妙本寺

鎌倉市大町にある妙本寺は、比企谷（ひきがやつ）妙本寺とも呼ばれます。樹木の多い境内には四季を通じて花が絶えず、緑の美しさも一際です。

解説

【妙本寺の由来】　妙本寺のある谷戸《やと》は源頼朝に仕えた有力御家人の比企能員《ひきよしかず》一族の屋敷がありました。源氏と親密であった比企一族は、頼朝没後、建仁三年（一二〇三）に権力保持を目論む北条氏と対立し、最後はこの地にて滅ぼされました（比企の乱）。

この比企の乱の時、まだ幼少で京都にいたため生き延びたのが、末子の比企能本《ひきよしもと》（大学三郎）でした。京都で朝廷に仕えた後、鎌倉に戻って儒学者として活躍していた能本は、この時、鎌倉の町に立って命がけで布教する日蓮に出会い、「わが一族の菩提を弔って下さるのは、この御聖人しかいない」と決心し、自分の屋敷を日蓮に献上したのが妙本寺の始まりです。日蓮は、文応元年（一二六〇）、比企能本の父・能員と母にそれぞれ「長興」、「妙本」の法号を授与し、これが「長興山妙本寺」という山号のはじまりです。

【永享《えいきょう》法難】　日蓮宗の布教活動を快く思わない天台宗の僧侶が、日蓮宗に宗論を申し入れ、法論を戦わせました。永享八年（一四三六）、時の関東管領《かんれい》・足利持氏《もちうじ》は、鎌倉の地で宗教上の対立から紛争が起こり、民衆が動揺することを恐れて、妙本寺をはじめ鎌倉中の日蓮宗寺院一六か寺すべてを没収・破壊して、僧侶を島流しにしようとしました。これに抵抗を示した武士や商人たちの勢いに驚いた持氏は、「日蓮宗のことについてご罪科あるべからず、おのおの赦免してかえすべし」と伝えさせ事なきをえました。

イ：日蓮聖人　ロ：日法《にっぽう》聖人　ハ：臨滅度時本尊《りんめつどじほんぞん》

問78

妙顕寺《みょうけんじ》

日蓮の遺命を受けた日像《にちぞう》が京都での弘教《ぐきょう》の拠点とした名刹「妙顕寺」（京都市上京区）。具足山・龍華《りゅうげ》院または顕山《けんざん》と呼ばれる京都の霊跡寺院で、日蓮宗最初の勅願寺となりました。

【開山・日像菩薩】（上略）三度《みたび》勅諌《ちょっかん》によって京都を追われると云う法難に遇《あ》われたが、遂にその正論は天聴に達し、元亨元年、前述の如く勅願寺を賜ったが、猶《なお》も［イ］の勅諌を続けられた。その法力、その［ロ］の誠はいよいよ信頼を得、元弘三年三月には、「妙顕寺御立願ノ事。当寺ハ霊験無雙《そう》ノ本尊、利生方便ノ聖跡也。故に天下一統ノ聖運、洛陽九里ノ還幸を祈念シ、誓願ヲ発ス」との令旨を受けられ、建武元年四月には、「妙顕寺ヲ勅願寺トナス。殊ニ一乗円頓《えんどん》ノ宗旨ヲ弘メ［ハ］ノ精祈ヲコラスベシ」との宗号綸旨《りんじ》を賜ったのである。

宗門の大史家日潮上人が像尊を讃《たた》えて、「徳は六祖と等しきも、功は六祖を超ゆ」と謂《い》われたのもむべなる哉《かな》である。

（妙顕寺『参拝の栞《しおり》』より）

妙顕寺の「光琳曲水の庭」

尾形光琳（1658 ~ 1716）と妙顕寺は、浅からぬ縁があります。光琳の屏風絵を元に作られたという「光琳曲水の庭」は、樹齢 400 年の赤松や白砂の川の流れの構成が、装飾的な光琳の作風を彷彿とさせます。また、妙顕寺東隣の塔頭（たっちゅう）泉妙院には、尾形光琳の墓があり、「長江軒青々光琳墓」と彫られた墓石は、100 回忌の文政２年（1819）に酒井抱一が建てたものです。近年、乾山ら光琳一族の墓石と並んでいます。

解説

【日像による創建】　日蓮の入滅に臨んで帝都開教の遺命を幼くして受けた日像は、二六歳で上洛を果たし、幾多の法難に耐えて元亨元年（一三二一）、一宇を建立しました。これが具足山妙顕寺の草創です。京都に建てられた日蓮宗の最初の寺院であり、さらに建武元年（一三三四）には、後醍醐天皇により法華宗号の綸旨《りんじ》を賜り勅願寺となり、日蓮宗の地位を確立すると同時に、京都布教の拠点となりました。

【妙実《みょうじつ》上人による発展】　草創期の後を継いだのが、大覚寺門跡の真言僧であった二世大覚大僧正・妙実です。一七歳の時、日像の説法に接し、弟子たちを率いて弟子となりました。以後、日像の命を受けて諸国を巡り、比類なき教線を張って広宣流布に大きな功績を果たし、寺勢はますます栄えました。妙実は暦応四年（一三四一）に妙顕寺を四条櫛笥《くしげ》の地に移転します。

その後、比叡山の二度にわたる襲撃により、三条坊門堀川・高倉西洞院へと移転。特に天文法難後の復興は困難をきわめ、最終的には豊臣秀吉の洛中整備の際、天正一二年（一五八四）に現在地に移設されています。

天明八年（一七八八）の大火では全山焼失しましたが、客殿・庫裡・鐘楼・祖師堂・本堂が逐次再建されました。日蓮、日朗、日像菩薩を合わせてまつった祖師堂は京都の特色をよく示しています。

イ：正法《しょうぼう》為《い》本《ほん》　ロ：憂国　ハ：四海泰平

※正法為本……正しい仏法に帰依して、その教えにより安穏な世の中を築くことを目指す。

問
79

佛現寺《ぶつげんじ》

静岡県伊東市の「佛現寺」は、日蓮四大法難の一つ「伊豆法難」ゆかりの霊跡です。流罪が解かれた弘長三年（一二六三）までの足かけ三年の月日を過ごした、日蓮の謫居《たっきょ》跡と伝えられています。また、病気平癒の御礼として地頭の伊東八郎左衛門が日蓮に差し上げた海中出現の釈尊像は、日蓮の随身仏として大切にされました。

抑々《そもそも》当伊豆国伊東の海光山佛現寺の由来を尋ぬるに（中略）弘長元年五月一二日、宝《おん》齢《とし》四〇歳にして伊豆国伊東に配流《はいる》せられ、伊東八郎左衛門が預《あづか》りとして、之を守るとは徒《た》だ表面《おもて》の沙汰にて、内々《ないない》は人無き処に捨てて命を縮めんとの悪計なるべし、翼なくては通われもせぬ、名もおそろしき［イ］という、沖の潮路に沈まんとする離れ小島の上に追いあげ、誰れか彼かの見別けもつかぬ、日も暮れ〳〵の上げ潮時に、死なば死ねかし疾《と》く死ねよと捨て去りしが、諸天晝夜に之を衛護《えご》するぞとの経文空しからず、［ロ］に扶《たす》けられて川奈に隠れさせたまうこと三十余日（後略）

（佛現寺「略縁起」抄録より）

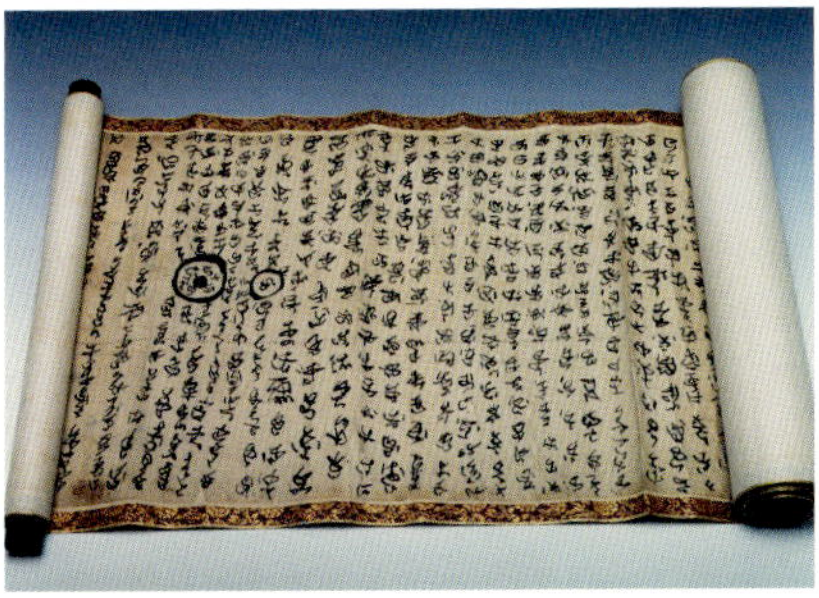

佛現寺の「天狗の詫び状（わびじょう）」

万治元年（1658）の頃、天城の柏峠に天狗が出没し、往来の旅人を悩ませていました。豪傑できこえた時の佛現寺住職・日安上人は天狗を懲しめようと柏峠に赴き、天狗の鼻を両手でつかみ捻りあげると、天狗はたまらず老松の梢に舞い上がり、一陣の風に乗せて一巻の巻物を残していきました。それ以来天狗は姿を現さなくなり、それが天狗の書いて残した詫び状だろうということになり、佛現寺の什宝として今日まで伝えられています。この詫び状は難解不読で、まだ一字も解読されていないそうです。

解説

【日蓮謫居の地】　鎌倉幕府の前執権・北条時頼に『立正安国論』を提出し、浄土宗の僧と問答をするなど、活発に布教をした日蓮は、危機感を抱いた浄土宗徒からの訴えにより弘長元年（一二六一）に伊豆へ流されることになりました。世にいう「伊豆法難」です。

伊豆伊東の沖合の岩場「俎岩」に置き去りにされた日蓮は、小舟で通りかかった船守弥三郎に助けられ、しばらく弥三郎夫妻にかくまわれていましたが、のちに地頭の伊東八郎左衛門の屋敷に預かりの身となります。八郎左衛門の祖の祐親が建てた鬼門除けの毘沙門堂に日蓮が住した堂跡が現在の海光山佛現寺で、霊跡寺院となっています。

【釈迦立像】　当地の地頭・伊東八郎左衛門は、原因不明の熱病に冒され、日蓮に救いを求めたところ病は癒え、そのお礼に釈尊像が献上されました。この釈尊像は、伊東の海中から引き揚げられた立像で、沖合に光る物があり漁師が網を投げたところ、魚と一緒に網にかかり、地頭が預かっていた由緒のあるものでした。「海光山佛現寺」は、「光る海の中から出現したお釈迦さま」という話に由来しています。

日蓮は、贈られた釈尊像を生涯の持仏とし、以後、龍口にも、佐渡、身延にも奉じて、常に日蓮とともにあり、池上での臨滅の時にも枕辺に安置させたといわれます。後世、日蓮の随身仏と呼ばれている尊像です。また、伊豆流罪中に日蓮は『四恩抄』『教機時国鈔』などを著しています。

イ：俎《まないた》　ロ：上原（船守）弥三郎

問 80

龍口寺《りゅうこうじ》

鎌倉幕府に逮捕された日蓮が斬首されかけた龍口《たつのくち》刑場跡に、日蓮の直弟子・日法《にっぽう》が延元二年（一三三七）に小堂を開いたのが始まりです。龍口法難ゆかりの「龍口寺」（神奈川県藤沢市）は、慶長六年（一六〇一）に土地の寄進を受けて大堂が建立され、現在まで連綿と法灯を継承しています。

お寺だらけの鎌倉周辺で、［イ］があるのはここだけというのが意外だった。神奈川県下でも唯一という。

寺伝によると、龍口寺は聖人御入滅後に、直弟子の日法上人が草庵を建て、聖人像を彫って安置したのが発祥とされる。延元二年（一三三七）と伝わる。

本堂は大きなお堂で、慶長六年（一六〇一）に加藤清正の発願で建立されたのを、江戸末期に改築、改修して今日に至っている。敷皮堂《しきがわどう》の扁額がかかり、お堂もそう称される。昇堂すると、御宮殿に日法上人作と伝えられる聖人像が、左右には六老僧がおまつりされていた。日法上人は池上本門寺の聖人像で名高い［ロ］の名手だが、龍口寺のお像は若々しいお顔をなさっている。

（浅井靖子著『日蓮宗の寺めぐり』「龍口法難の霊跡　龍口寺」宝文館出版より）

牡丹餅供養会

日蓮が龍口に連行される途中、腰越に住む老婦人が鍋ぶたにのせた黒胡麻の牡丹餅（ぼたもち）をご供養したという故事に因み、龍口法難会の9月12日、講中の人々がお題目に合わせて餅をつき、手作りの牡丹餅を日蓮のご宝前に供えます。刑場での奇跡は「ぼたもちのご利益に違いない」ということで、この牡丹餅は、年中無難、様々な災難を逃れる効力があるとされ、法要のあとに「牡丹餅供養会」が営まれます。

解説

【龍口法難の霊跡】　寂光山龍口寺は、神奈川県藤沢市片瀬にある霊跡寺院です。この寺が建つ龍口は、かつては鎌倉幕府の刑場だった所です。山号を寂光山というのは、日蓮が死を覚悟して当地を寂光土とみたからであるということが、日蓮の有力檀越であった四条金吾に宛てた消息（手紙）『四条金吾殿御消息』に記されています。

同寺には、龍口法難を伝えるものとして、総門左手の広場に法難を記念する「日蓮大聖人龍口御法難之霊地」の石碑が立っており、本堂内部には処刑にのぞむ日蓮が座ったという「敷皮石」が安置されています。また、刑場に向かう日蓮に、一人の老婦人がぼたもちを供養したことから、毎年九月一二日の法難会には、今も盛大に「難除けの牡丹餅供養」が行われています。

【日法《にっぽう》の祖師像】　龍口寺の縁起は、延元二年（一三三七）九月、中老僧の日法が刑場跡に「龍口法難の霊跡」として、「敷皮堂」を建て、自身で彫刻した祖師像を安置したのが始まりといわれています。ちなみに、この祖師像は池上本門寺、比企谷妙本寺とともに一木三体のご尊像として知られます。その後、本格的な寺としての格式を整えたのは慶長六年（一六〇一）に、池上本門寺一三世の日尊が大堂の建立を発願し、腰越・津村の信徒の島村采女が土地を寄進して以来のこととされています。

イ：五重塔　ロ：彫刻

◆転載著作物一覧

『等伯　下』（安部龍太郎著、日本経済新聞出版社、２０１２年）p10
『等伯　上』（安部龍太郎著、日本経済新聞出版社、２０１２年）p132、133
『ビギナーズ日本の思想　日蓮「立正安国論」「開目抄」』（小松邦彰編、角川ソフィア文庫、２０１０年）p12、13、26
『日蓮聖人―その生涯と教え―』（さだるま新書、日蓮宗新聞社編、日蓮宗新聞社、１９９１年）p14、54、58、86、90
『日本の仏教思想　日蓮』（田村芳朗編集、浅井円道・勝呂信静・田村芳朗訳・注、筑摩書房、１９８６年）p16、17
『法華経・全28章講義―その教えのすべてと信仰の心得』（浜島典彦著、大法輪閣、２０１２年）p18、19
『別冊太陽　日蓮　久遠のいのち』（渡辺宝陽・中尾堯監修、平凡社、２０１３年）p20、21、174
『法華経入門』（則武海源著、角川選書、２００６年）p22、23
『仏教入門』（松尾剛次著、岩波書店、１９９９年）p24、25
『日本の名僧12　法華の行者 日蓮』（佐々木馨編、吉川弘文館、２００４年）p28、60
『青春をいかに生きるか』（「学生と先哲――予言僧日蓮」収録、倉田百三著、角川書店、１９５３年）p32、33、52、74
『国僧日蓮　上』（童門冬二著、学習研究社、２０００年）※品切・再販未定　p34、35、38、56
『国僧日蓮　下』（童門冬二著、学習研究社、２０００年）※品切・再販未定　p62、70
『日蓮』（山岡荘八著、講談社山岡荘八歴史文庫4、１９８７年）p36、37、42、48
『あなたの知らない日蓮と日蓮宗』（山折哲雄監修、洋泉社・歴史新書、２０１３年）p40、41、78、144
『小説　日蓮』（大佛次郎著、成美堂出版、１９７９年）p44、68
『小説日蓮　上』（島田裕巳著、東京書籍、２０１２年）p46、47、50
『日本の仏典9　日蓮』（渡辺宝陽　小松邦彰著、筑摩書房、１９８８年）p64、66
『昭和定本日蓮聖人遺文』（「兵衛志殿御返事」、立正大学日蓮教学研究所編纂、総本山身延山久遠寺、１９５２年）p72
『反骨の導師　日親・日奥』（寺尾英智・北村行遠編、吉川弘文館、２００４年）p88、92、93
『現代語訳　信長公記』（太田牛一著・中川太古訳、株式会社ＫＡＤＯＫＡＷＡ、２０１３年）p94、95
『シリーズ日蓮3　日蓮教団の成立と展開』（小松邦彰・花野充道責任編集、春秋社、２０１５年）p96、126
『身延山史』（身延山久遠寺編纂、身延山久遠寺、１９７３年）p98
『日本の歴史　20　明治維新』（井上清著、中央公論社、１９７４年）p100
『お題目と歩く　近世、近現代法華信仰者群像』（浜島典彦著、日蓮宗新聞社、２００３年）p102
『日蓮聖人門下連合会五十年の歩み』（日蓮聖人門下連合会編、日蓮聖人門下連合会、２０１１年）p106、108、110、112、116、118
『仏立開導　長松日扇』（村上重良著、講談社、１９７６年）p114、115
『本門法華宗・宗綱』p120

『近代日蓮論』（田中智学著『宗門之維新』収録、丸山照雄編、朝日新聞社、１９８１年）p122
『講座日蓮４　日本近代と日蓮主義』（坂本日深監修、春秋社、１９７２年）p124
『洛中洛外画狂伝　狩野永徳』（谷津矢車著、学研パブリッシング、２０１３年）p130、131
『清貧の思想』（中野孝次著、草思社、１９９２年）p134、135
『乾山晩愁』（葉室麟著、角川文庫、２００５年）p136
『若き獅子』（「奇人・北斎」収録、池波正太郎著、講談社、１９９４年）p138
『歌川国芳　遊戯と反骨の奇才絵師』（傑作浮世絵コレクション、河出書房新社、２０１４年）p140
『師子王全集信感篇』（田中智学著、師子王全集刊行会、１９３１年）p146
『昭和史　上』（中村隆英著、東洋経済新聞社、２０１２年）p148
『わが非暴力・藤井日達自伝』（藤井日達著　山折哲雄編、春秋社、１９９２年）p150
『代表的日本人』（内村鑑三著、鈴木範久訳、岩波書店、１９９５年）p152、153
『雨ニモマケズ』（宮沢清六執筆「兄・賢治の一生」宮澤賢治著、岩崎書店、１９９０年）p154
『軍ファシズム運動史』（秦郁彦著、河出書房新社、１９６２年）p156、157
『気概の人　石橋湛山』（小島直記著、東洋経済新報社、２００４年）p158
『清貧の人　土光敏夫―その信念と家族の絆―』（浜島典彦著、大法輪閣、２０１１年）p160、161
『日蓮聖人とお弟子たちの歴史を訪ねて―日蓮宗本山めぐり―』（日蓮宗全国本山会監修、日蓮宗新聞社、２０１５年）p164、166、168、172、176、178、180
『日蓮宗の寺めぐり』（浅井靖子著、宝文館出版、１９９４年）p170、186
『参拝の栞』（妙顕寺）p182
「略縁起」抄録（佛現寺）p184